Hedi Yazid

Exploration des modèles graphiques dans la recherche d'informations

Hedi Yazid

Exploration des modèles graphiques dans la recherche d'informations

Application à la recherche des dossiers médicaux

Éditions universitaires européennes

Impressum / Mentions légales
Bibliografische Information der Deutschen Nationalbibliothek: Die Deutsche Nationalbibliothek verzeichnet diese Publikation in der Deutschen Nationalbibliografie; detaillierte bibliografische Daten sind im Internet über http://dnb.d-nb.de abrufbar.
Alle in diesem Buch genannten Marken und Produktnamen unterliegen warenzeichen-, marken- oder patentrechtlichem Schutz bzw. sind Warenzeichen oder eingetragene Warenzeichen der jeweiligen Inhaber. Die Wiedergabe von Marken, Produktnamen, Gebrauchsnamen, Handelsnamen, Warenbezeichnungen u.s.w. in diesem Werk berechtigt auch ohne besondere Kennzeichnung nicht zu der Annahme, dass solche Namen im Sinne der Warenzeichen- und Markenschutzgesetzgebung als frei zu betrachten wären und daher von jedermann benutzt werden dürften.

Information bibliographique publiée par la Deutsche Nationalbibliothek: La Deutsche Nationalbibliothek inscrit cette publication à la Deutsche Nationalbibliografie; des données bibliographiques détaillées sont disponibles sur internet à l'adresse http://dnb.d-nb.de.
Toutes marques et noms de produits mentionnés dans ce livre demeurent sous la protection des marques, des marques déposées et des brevets, et sont des marques ou des marques déposées de leurs détenteurs respectifs. L'utilisation des marques, noms de produits, noms communs, noms commerciaux, descriptions de produits, etc, même sans qu'ils soient mentionnés de façon particulière dans ce livre ne signifie en aucune façon que ces noms peuvent être utilisés sans restriction à l'égard de la législation pour la protection des marques et des marques déposées et pourraient donc être utilisés par quiconque.

Coverbild / Photo de couverture: www.ingimage.com

Verlag / Editeur:
Éditions universitaires européennes
ist ein Imprint der / est une marque déposée de
OmniScriptum GmbH & Co. KG
Heinrich-Böcking-Str. 6-8, 66121 Saarbrücken, Deutschland / Allemagne
Email: info@editions-ue.com

Herstellung: siehe letzte Seite /
Impression: voir la dernière page
ISBN: 978-3-8417-4511-8

Zugl. / Agréé par: Sfax, Ecole Nationale des Ingénieurs Sfax, Tunisie, 2014

Copyright / Droit d'auteur © 2015 OmniScriptum GmbH & Co. KG
Alle Rechte vorbehalten. / Tous droits réservés. Saarbrücken 2015

Remerciements

Je tiens, tout d'abord, à exprimer mes vifs remerciements à Madame **Najoua Essoukri Ben Amara**, Professeur à l'école nationale des ingénieurs à Sousse et directrice de l'unité de recherche SAGE, pour m'avoir encadré et accueilli dans son équipe de recherche et pour toute l'aide et le soutien qu'elle m'a apportés.

Je remercie tout particulièrement Monsieur **Karim KALTI**, Maître assistant à la faculté des sciences de Monastir, pour m'avoir guidé avec tant de justesse dans mon travail de recherche durant ces années.

Je remercie Monsieur **Maher Ben Jemaa**, Maître de Conférences à l'Ecole Nationale d'Ingénieurs de Sfax, je voudrais exprimer ma vive gratitude pour l'honneur qu'il m'a fait en acceptant de présider le jury de ma thèse de doctorat.

Je remercie vivement Monsieur **Basel Soulaiman**, Professeur et chef du département image et traitement de signal à TELECOM Bretagne, et Monsieur **Adel M. Alimi**, Professeur à l'Ecole Nationale des Ingénieurs de Sfax et directeur du laboratoire de recherche REGIM, pour avoir accepté d'examiner mes travaux et d'être mes rapporteurs. Qu'ils trouvent ici mes remerciements les plus sincères.

Je remercie Monsieur **Rafik Braham**, Professeur à l'ISITIC Hammam Sousse, pour son intérêt pour le sujet et pour l'honneur qu'il me fait en participant à ce jury.

Mes remerciements s'adressent également à Madame **Fatma Elouni**, assistante Hospitalo-universitaire en radiologie au CHU Sahloul Sousse, et à Monsieur **Ahmed Zrig**, assistant Hospitalo-universitaire en radiologie au CHU Fattouma Bourguiba Monastir, leurs collaborations fructueuses ont contribué à réaliser ce travail.

A
l'âme de mon père, à ma mère…, à qui je dois tout

A
Ma chère femme…, pour son soutien inconditionnel

A
Mon frère, mes trois sœurs…

A
Toute ma famille, mes connaissances…

… Je dédie ce travail

Résumé

Les travaux menés dans le cadre de cette thèse s'intéressent à la recherche d'informations et son application dans le domaine médical. L'indexation et la recherche d'informations est une discipline qui permet de faciliter la recherche des documents dans les bases de données complexes. Les domaines d'application de cette discipline de recherche étant diversifiés, les approches de la représentation d'informations ainsi que la formulation des critères varient d'un domaine à un autre. La pertinence d'une approche de recherche d'informations dépend étroitement de la stratégie de la mesure de similarité sélectionnée. La mesure de similarité s'appropie, ainsi, d'une importance capitale dans une approche de recherche d'informations. Elle repose généralement sur une approche de comparaison qui incarne la spécificité de la nature des objets mesurables.

Dans le cadre de ce travail, nous proposons une modélisation de la problématique de recherche d'informations médicales en explorant les modèles graphiques. Ces derniers ont démontré leur utilité dans un large éventail de domaines comme le traitement du langage naturel ou les systèmes à base de connaissances. Dans un cadre de recherche d'informations, les modèles graphiques offrent une représentation compacte et cohérente de l'ensemble des connaissances du domaine traité. Nous proposons de situer la problématique de recherche dans trois cadres différents, chaque cadre se réfère à une théorie de décision : le premier modèle probabiliste est conçu dans un cadre bayésien, le deuxième se réfère aux principes de la théorie possibiliste alors que le troisième est une contribution de recherche multimodale avec une fusion de deux sources d'informations se basant sur la théorie évidentielle.

Les performances des approches proposées dans les trois cadres étudiés sont évaluées sur une base de dossiers patients contenant des tumeurs cérébrales. Cette pathologie traitée est très commune et elle est connue par une variété histologique. Le processus d'interprétation effectué par les radiologues est compliqué et nécessite l'intervention de plusieurs sources d'informations. Davantage, il est enveloppé par un aspect d'incertitude et d'approximation. Les résultats de recherche réalisés par les approches proposées, situées dans les trois cadres de décision étudiés, sont prometteurs. Cette conclusion est déduite suite à des séries d'expérimentations variées.

Mots clés : recherche d'informations, représentation de l'information, mesure de similarité, réseaux bayésiens, réseaux possibilistes, théorie évidentielle, fusion d'informations, tumeurs cérébrales.

Table des matières

Table des figures i

Liste des tableaux ii

Introduction 1

I. Recherche d'informations et son application dans le domaine médical 5

    Introduction 6

    1. Recherche d'informations 6

        1.1. Définitions et propriétés 6

        1.2. Architecture d'un système de recherche d'informations 7

        1.3. Types de données dans la recherche d'informations 9

    2. Application de la recherche d'informations dans le domaine médical 12

        2.1. Propriétés du domaine médical : un flux important de données variées 12

        2.2. Recherche des cas médicaux : Carrefour de domaines de recherche multiples 15

        2.3. Etat de l'art des systèmes de recherche d'informations appliqués dans le domaine médical... 16

    3. Mesure de similarité dans un processus de recherche d'informations: Principes et Techniques 20

        3.1. Etape de la mesure de similarité 20

        3.2. Représentation de l'information dans une mesure de similarité 22

        3.3. Revue des mécanismes de mesure de similarité 25

    4. Critères d'évaluation d'une approche de recherche d'informations 31

        4.1. Principe d'un processus d'évaluation 31

        4.2. Indices de précision et du taux de retour 32

        4.3. Courbe précision-rappel 33

        4.4. Indice de robustesse 34

4.5. Autres mesures d'évaluation d'un système de recherche d'information 35

5. L'imagerie par résonance magnétique et les tumeurs cérébrales 36

    5.1. Tumeurs cérébrales : Propriétés et diagnostic 36

    5.2. Cadre d'étude et présentation de données 39

Conclusion 44

II. Modèle d'indexation et de recherche basé sur les modèles graphiques probabilistes 45

Introduction 46

1. Modèles Graphiques probabilistes 47

    1.1. Présentation des modèles graphiques probabilistes 47

    1.2. Composantes d'un modèle graphique probabilistes 48

    1.3. Formalismes des modèles graphiques probabilistes 50

2. Réseaux bayésiens et leur application dans les problèmes de recherche d'informations 51

    2.1. Définition et propriétés 51

    2.2. Construction d'un réseau bayésien : structure et paramètres 52

    2.3. Réseaux bayésiens dans les problèmes de la recherche d'informations 58

3. Modélisation des réseaux bayésiens pour la représentation et la classification des tumeurs cérébrales 63

    3.1. Présentation de l'idée globale 63

    3.2. Réseau bayésien pour la représentation des tumeurs cérébrales 64

    3.3. Classification bayésienne des tumeurs cérébrales 66

4. Proposition d'une mesure de similarité basée sur la correspondance graphique des signatures issues d'une inférence bayésienne 67

    4.1. Description du principe de la mesure de similarité 67

    4.2. Correspondance graphique: Définition et Propriétés 69

    4.3. Déroulement de l'algorithme de mesure de similarité 70

5. Proposition d'une mesure de similarité basée sur la correspondance des chemins de propagation d'informations 73

    5.1. Description de l'idée 73

    5.2. Apport de l'algorithme d'inférence de l'arbre de jonction 75

    5.3. Démarche de la mesure de similarité 77

6. Résultats Expérimentaux 81

    6.1. Données expérimentales 81

    6.2. Evaluation du modèle de classification 82

    6.3. Evaluation de l'étape de recherche et de décision 84

    6.4. Discussion 88

Conclusion 90

III. Modèle d'indexation et de recherche basé sur les modèles graphiques possibilistes 91

Introduction 92

1. Modèles graphiques possibilistes 93

    1.1. Généralités sur la théorie possibiliste 93

    1.2. Réseaux Possibilistes 97

    1.3. Conditionnement et propagation possibiliste dans un réseau possibiliste 98

    1.4. Transformation de la distribution probabiliste en une distribution possibiliste 100

2. Recherche d'informations dans un cadre possibiliste 101

    2.1. Raisonnement possibiliste et traitement de l'incertitude et de l'imprécision 101

    2.2. Mesure de similarité dans un cadre possibiliste 102

    2.3. Critères de décision possibilistes 104

    2.4. Etat de l'art de la recherche d'informations basées sur les modèles possibilistes ... 105

3. Proposition d'une mesure de similarité basée sur la correspondance graphique des signatures issues d'une inférence possibiliste 106

    3.1. Description de l'idée 106

3.2. Réseau possibiliste pour la représentation et la classification des tumeurs cérébrales 109

3.3. Classification possibiliste des tumeurs cérébrales basée sur la propagation possibiliste 112

3.4. Processus de mesure de similarité 115

4. Résultats Expérimentaux 116

4.1. Description des données et des protocoles d'évaluation 116

4.2. Evaluation du modèle de classification possibiliste 116

4.3. Evaluation de l'approche de mesure de similarité et de recherche 117

4.4. Discussion 120

Conclusion 121

IV. Indexation et recherche d'informations multimodales basée sur la théorie évidentielle 123

Introduction 124

1. Fusion d'informations dans le contexte d'indexation et de recherche d'informations multimodales 125

1.1. Idée fondamentale de la fusion d'informations 125

1.2. Type d'architectures dans les systèmes de fusion d'informations 126

1.3. Approches de fusion d'informations classiques 128

2. Fusion Evidentielle : Fondements et application dans la recherche d'informations 131

2.1. Fondements de la fusion évidentielle 131

2.2. Application de la théorie de l'évidence dans un contexte de la recherche d'informations 138

3. Cadre et spécifications de la contribution de fusion d'informations 139

3.1. Contexte de la fusion 139

3.2. Sources de données 140

3.3. Module de classification des images IRM par les réseaux bayésiens 144

4. Approche de recherche d'informations multimodale basée sur la fusion des classifieurs bayésiens 145

4.1. Principe de la proposition 145

4.2. Cadre de discernment 146

4.3. Fonction de croyance 147

4.4. Critères de combinaison et de décision 148

5. Approche de recherche d'informations multimodale basée sur la fusion des résultats des deux modules de recherche uni-sources 149

5.1. Contexte de l'idée de fusion 149

5.2. Cadre de discernement 152

5.3. Modélisation des hypothèses en des fonctions de masse de croyance 152

5.4. Critères de combinaison et de décision 153

6. Résultats Expérimentaux 154

6.1. Données expérimentales 154

6.2. Evaluation de la performance de la classification à base d'images 154

6.3. Evaluation des deux approches de recherche par fusion 156

6.4. Discussion 157

Conclusion 158

Conclusion Générale 160

Bibliographie 164

Annexes 180

Table des figures

Figure 1.1. *Schéma général d'un système de recherche d'informations* (Salton *et al.*, 1986) 8

Figure 1.2. *Domaines de recherche en relation avec la recherche des cas médicaux* 16

Figure 1.3. *Taxonomie de modèles de représentation de l'information et de mécanismes de similarité* (Cunningham, 2009) 22

Figure 1.4. *Courbe de Précision – Rappel dans un contexte de recherche d'informations* 34

Figure 1.5. *Différentes coupes d'un examen IRM* 38

Figure 1.6. *Démarche de classification d'une masse intracrânienne inconnue* (Al-Okaili *et al.*, 2007) 42

Figure 1.7. *Architecture du serveur d'archivage des cas médicaux* 43

Figure 2.1. *Formalismes des modèles graphiques probabilistes* 50

Figure 2.2. *Un exemple de la construction d'un réseau bayésien* (Pourret *et al.*, 2008) 53

Figure 2.3. *Processus de représentation et de classification* 63

Figure 2.4. *Structure du réseau bayésien pour la classification des tumeurs cérébrales* 65

Figure 2.5. *Démarche de la classification bayésienne* 66

Figure 2.6. *Propagation des évidences dans l'algorithme d'inférence 'Pearl'* 68

Figure 2.7. *Déroulement de l'algorithme de la mesure de similarité* 71

Figure 2.8. *Procédure de la similarité basée sur la comparaison des chemins de propagation de l'information* 75

Figure 2.9. *La transformation en un arbre de jonction à partir d'un réseau graphique* 76

Figure 2.10. *Comparaison des performances des résultats de recherche des deux approches proposées avec des distances classiques en termes de précision (P) et d'indice de retour (R)* 86

Figure 2.11. *Variation du taux de robustesse en fonction des degrés des valeurs manquantes (à droite taux de précision et à gauche taux de l'indice de retour)* 88

Figure 3.1. *Exemple d'une distribution possibiliste* (Boughanem *et al.*, 2009) 98

Figure 3.2. *Démarche de l'approche de la recherche proposée dans le cadre possibiliste* 107

Figure 3.3. *Une comparaison des indices de performance entre la méthode POSS-SIGN, SIGN-COMP et PROPAG-TREE* 118

Figure 3.4. *Variation du taux de robustesse en fonction des degrés des valeurs manquantes des méthodes POSS-SIGN, SIGN-COMP et PROPAG-TREE (à droite taux de précision et à gauche taux de l'indice de retour).* 119

Figure 4.1. *Différents niveaux de fusion dans le cadre de représentation et de mesure de similarité (Rujie et al., 1999)* 127

Figure 4.2. *Comparaison des modèles contraint, libre et hybride pour un cadre de discernement* ... 136

Figure 4.3. *Diagramme de Venn dans avec un cardinal égal à 3* 136

Figure 4.4. *Architecture générale de l'approche de recherche à base de fusion des décisions* 140

Figure 4.5. *Différentes étapes de la phase de prétraitement* 141

Figure 4.6. *Procédure d'identification des régions d'intérêt par l'extraction de l'œdème et l'extraction de la lésion tumorale* 142

Figure 4.7. *Un exemple d'une structure du réseau bayésien pour la classification des tumeurs cérébrales à base d'une image IRM* 144

Figure 4.8. *Schéma Bloc du module de classification à base de la signature visuelle d'une image IRM* 145

Figure 4.9. *Modèle de la fusion des classifieurs pour une finalité de recherche* 146

G *Modèles de fusion dans le cadre de recherche à base de cas : (a) la fusion des représentations des cas, (b) : la fusion des cas recherchés* 150

Figure 4.11. *Architecture du modèle de fusion* 152

Figure 4.12. *Comparaison de la meilleure performance en variant le nombre de descripteurs introduits (à gauche : image de tissu tumoral, à droite : image de tissu œdémateux)* 155

Figure 4.13. *Comparaison du taux de robustesse en fonction des degrés des valeurs manquantes (à droite taux de précision et à gauche taux de l'indice de retour)* 157

Figure A.1. *A gauche, Anatomie d'un cerveau ou encéphale. A droite, Coupe histologique du cerveau (Atlas, 2009)* 180

Figure A.2. *Répartition topographique des tumeurs cérébrales* 181

Figure A.3. *Illustration de diverses images médicales* 184

Liste des tableaux

Tableau 1.1. *Illustration de quelques systèmes de recherche d'informations appliqués dans le domaine médical* 18

Tableau 1.2. *Liste des tumeurs considérées dans le cadre d'étude* 39

Tableau 1.3. *Descripteurs morphologiques et contextuels inclus dans l'interprétation d'une tumeur cérébrale*... 40

Tableau 1.4. *Descripteurs visuels et contextuels et leurs valeurs possibles* 43

Tableau 2.1. *Matrice de contingence des résultats du processus de classification* 62

Tableau 2.2. *Répartition des dossiers par classe tumeur* 81

Tableau 2.3. *Taux de précision (P), de retour (R) et de F-mesure (F) de la classification en fonction des méthodes d'initialisation des paramètres du réseau bayésien* 83

Tableau 2.5. *Comparaison du Taux de précision (P) et de retour (R) des résultats de recherche(%) pour les deux méthodes SIGN-COMP et PROPAG-TREE* 85

Tableau 2.6. *Temps de réponse moyen de recherche dans une base de données (en secondes)* 87

Tableau 3.1. *Comparaison des taux de précision et de retour du modèle de classification possibiliste et du modèle de classification bayésien (%)* 117

Tableau 3.2. *Comparaison des indices de performance dans le cadre de la recherche des cas entre la méthode POSS-SIGN, SIGN-COMP et PROPAG-TREE (%)* 118

Tableau 3.3. *Temps de réponse moyen de recherche en secondes (s)* 120

Tableau 4.1. *Comparaison des indices de performance dans le cadre de la recherche des cas entre les approches PROB-FUSION et RETRIEV-FUSION (%)* 156

Tableau 4.2. *Temps de réponse moyen d'une procédure complète recherche (en secondes)* 157

Introduction

L'imitation du raisonnement humain dans la prise d'une décision face à une situation ambigüe est un challenge ambitieux exprimé par les chercheurs de la communauté de l'intelligence artificielle. En effet, les recherches appliquées dans les systèmes à base de connaissances ont connu dernièrement une évolution considérable. Deux niveaux sont, principalement, traités dans de tels travaux : premièrement, la représentation du cadre des connaissances doit être significative et, deuxièmement, ces connaissances doivent être adaptées dans un mécanisme efficient au contexte du raisonnement traité.

Parmi les systèmes à base de connaissances les plus sollicités, nous mentionnons les systèmes de recherche d'informations. Cet axe de recherche est très actif et il est appliqué dans plusieurs domaines, en particulier dans le domaine médical. La recherche d'informations (Information Retrieval) est une approche qui est conçue pour faciliter la recherche des documents dans les bases de données complexes (Salton *et al.*, 1986). Les domaines d'application étant variés, la formulation des critères de recherche est spécifique suivant le type de documents recherchés et les besoins de l'utilisateur. En formulant une expression de recherche d'un document, l'utilisateur doit préciser les critères de pertinence qui influent principalement sur les résultats affichés lors d'une procédure de recherche. Les résultats sont retournés en se basant sur une technique d'assimilation entre un document requête et les documents provenant de la base de données, ceci est assuré par la mesure de similarité. La mesure de similarité est une étape fondamentale dans le processus de la recherche d'informations. Elle repose généralement sur une approche de comparaison qui incarne la spécificité de la nature des objets mesurables. La pertinence d'une approche de recherche d'informations dépend étroitement de la stratégie de la mesure de similarité sélectionnée.

Le domaine médical est considéré comme un environnement adéquat aux travaux appliqués dans la discipline de la recherche d'informations. En effet, ceci est expliqué par l'évolution croissante des données médicales manipulées quotidiennement avec des modalités variées. Ce constat engendre un besoin accru pour introduire des outils d'aide à la décision dans le processus de diagnostic médical. Les systèmes classiques existants n'offrent pas une recherche intelligente dans les archives exponentielles des hôpitaux. Les cas médicaux archivés peuvent, pourtant, être réutilisés dans l'aide au diagnostic, dans la recherche scientifique et aussi dans le suivi des dossiers de traitement. La recherche à base d'images médicales est un axe de recherche actif et richement sollicité dans les dernières années tandis que l'indexation et la recherche à base des dossiers médicaux se déclare comme une alternative novatrice et prometteuse. Plusieurs challenges sont soulevés afin d'aboutir à la réussite d'une contribution qui se situe dans ce cadre : le premier challenge concerne la formulation d'une mesure de similarité pertinente entre deux dossiers. Le deuxième challenge s'adresse à la fusion des sources d'informations hétérogènes et souvent incomplètes afin de retourner les dossiers les plus similaires. Le troisième challenge traite les aspects d'incertitude et d'imprécision rencontrés dans le cadre d'étude traité.

La problématique de recherche d'informations requiert une base théorique de représentation et de mesure de similarité confirmée qui doit être adaptée à la spécificité des données traitées (Zhang et al., 1996). Dans ce travail, nous explorons les modèles graphiques dans la modélisation d'une approche de recherche d'informations médicales. Les modèles graphiques se présentent comme un outil performant dans le traitement de l'incertitude et la complexité des données manipulées dans le domaine des mathématiques appliquées et de l'ingénierie (Armstrong, 1984). Les modèles graphiques ont démontré leur utilité dans un large éventail de domaines de traitement du langage naturel et de vision par ordinateur. Une approche de recherche d'informations peut exploiter les modèles graphiques pour une représentation compacte et cohérente de l'ensemble des connaissances du domaine traité. La structure du modèle graphique est exploitée dans la formulation d'une mesure de similarité pertinente et significative entre une collection de données et une requête de l'utilisateur.

Objectif de la thèse

L'objectif de cette thèse est de proposer une approche de recherche d'informations en se basant sur les modèles graphiques. L'apport principal est consacré à la formulation d'une mesure de similarité adéquate. L'idée fondamentale de la mesure de similarité dans le processus de la recherche d'informations repose sur une correspondance des structures représentant les connaissances du domaine. L'approche est appliquée sur une problématique médicale de recherche des cas médicaux comportant des tumeurs cérébrales. La recherche d'informations dans un cadre médical permet d'exploiter les dossiers types archivés afin de réutiliser les interprétations prises dans des cas similaires à celui qui est en question. Etant donné un cas médical requête, le système doit retrouver des cas archivés qui contiennent le même type de tumeur avec le même stade d'avancement. A ce niveau, les cliniciens peuvent consulter la conduite thérapeutique envisagée sur les cas les plus similaires retournés.

Les tumeurs cérébrales constituent une pathologie très commune, connue par une variété histologique. L'interprétation d'une tumeur cérébrale est un processus compliqué qui nécessite l'intervention de plusieurs sources de données. Ce processus est caractérisé par un aspect d'incertitude et d'approximation. L'examen radiologique est une étape fondamentale dans ce processus qui donne une idée globale sur les différentes caractéristiques de la tumeur détectée. Dans ce contexte, nous avons commencé par collecter un noyau d'une base de données de cas cliniques. Cette base, créée à partir des données du centre d'imagerie par résonance magnétique (IRM) à l'hôpital SAHLOUL, est composée des dossiers patients contenant, chacun, une tumeur cérébrale annotée. Notre base de données comprend actuellement 200 dossiers patients, contenant en total 2000 photographies. Les patients sont tous atteints par l'une des tumeurs cérébrales prédéfinies dans le cadre d'étude. Les informations cliniques associées aux images sont saisies à partir de l'interprétation des experts intervenant dans ce travail. La présente thèse s'inscrit dans le cadre d'une coopération avec les radiologues du CHU Sahloul à Sousse.

Au cours de ce travail, nous avons concentré nos efforts sur les deux aspects fondamentaux des approches de recherche d'information: la représentation des connaissances et la mesure de similarité. En effet, le problème capital consiste à trouver un modèle de quantification et de mesure de similarité entre deux cas médicaux. Pour atteindre un tel résultat, nous proposons de situer la problématique de recherche dans trois cadres différents, chaque cadre se réfère à une théorie de décision : le premier modèle probabiliste est conçu dans un cadre bayésien, le deuxième se réfère aux principes de la théorie possibiliste alors que le troisième est une contribution de recherche multimodale avec une fusion de deux sources d'informations se basant sur la théorie évidentielle.

Organisation de la thèse

Le présent rapport est organisé en quatre chapitres. Le premier chapitre aborde les aspects théoriques tandis que les trois derniers s'intéressent aux modèles de recherche proposés ainsi qu'aux expérimentations réalisées.

Le premier chapitre expose le domaine de recherche traité, les systèmes de recherche d'informations et leur application dans le domaine médical. Nous proposons dans ce chapitre quelques travaux références citées dans la littérature ainsi que les principaux composants d'un système de recherche d'informations. La deuxième partie de ce chapitre est consacrée à la définition de la mesure de similarité dans le processus de recherche avec l'énumération de différentes approches d'assimilation. La troisième partie de ce chapitre est dédiée au domaine médical choisi. Dans cette partie, nous citons les caractéristiques des images IRM et leurs apports dans le diagnostic des tumeurs cérébrales tout en détaillant les spécifications médicales des tumeurs cérébrales. En plus, nous mettons l'accent sur l'aspect probabiliste du diagnostic des cas médicaux contenant des tumeurs cérébrales. Le deuxième chapitre concerne la contribution de recherche d'informations basée sur les modèles graphiques probabilistes. Nous commençons par définir les modèles graphiques probabilistes et leur application dans les problèmes de recherche d'informations. Après, le modèle de représentation des connaissances du domaine traité est détaillé suivi par la présentation des deux approches de mesure de similarité introduites dans le contexte bayésien. Le troisième chapitre présente l'approche de la recherche d'informations située dans le contexte possibiliste. Nous commençons par introduire les formalismes possibilistes tout en mettant en valeur les réseaux possibilistes et leur apport dans les contributions de la recherche d'informations. Ensuite, nous présentons la méthode de mesure de similarité basée sur la correspondance graphique des signatures issues de la propagation possibiliste. Le quatrième chapitre présente l'approche de recherche multimodale basée sur la fusion évidentielle. Nous exposons le principe de la fusion des données. Ensuite, nous expliquons les fondements de la théorie évidentielle et son application dans le contexte de recherche d'informations. Deux approches de décisions fondées sur des sources multimodales sont proposées dans ce chapitre : une première approche basée sur la fusion des classifieurs bayésiens et une deuxième approche qui s'appuie sur la fusion des cas les plus similaires. Enfin, nous donnons une conclusion générale qui résume les objectifs de cette thèse, suivie par une énumération des perspectives du travail.

Chapitre 1

Recherche d'informations et son application dans le domaine médical

Introduction

La recherche d'informations est l'ensemble de techniques et de méthodes qui permettent de sélectionner une collection de documents à partir d'une base de données initiale suite à une requête utilisateur. Hernandez définit la recherche d'informations dans (Hernandez *et al.*, 2005) comme suit : « La recherche d'informations est une activité dont la finalité est de localiser et de délivrer des granules documentaires à un utilisateur en fonction de son besoin en informations ». L'évolution constante du nombre de bases de données numériques a conduit à un développement important des structures d'indexation et des algorithmes de recherche qui varient d'un domaine de connaissances à un autre. Les outils informatiques qui sont développés suite à l'opérationnalisation des principes de la recherche d'informations dans un domaine donné sont les systèmes de recherche d'informations. Cet axe a atteint un certain stade de maturité de telle sorte que certains systèmes confirmés sont commercialisés et utilisés dans divers domaines (Zhang *et al.*, 1996).

Ce chapitre s'intéresse à la recherche d'informations en général et à son application au domaine médical en particulier. Il est organisé en cinq grandes sections : dans la première section, nous rappelons les principales définitions du domaine de la recherche d'informations. Nous présentons le cadre général de la recherche d'information, ses propriétés et les approches décrites dans la littérature. Nous consacrons la deuxième section à la recherche d'informations dans le domaine médical. Nous présentons les propriétés des systèmes de recherche dans le cadre médical tout en dressant un état de l'art des principales contributions dans la littérature. Dans la troisième section, nous nous concentrons sur l'étape de la mesure de similarité dans un processus de recherche. Nous décrivons l'idée fondamentale de la notion de similarité et nous discutons les principales approches de la mesure de similarité. Dans la quatrième section, nous exposons les différents critères d'évaluation communs aux approches de recherche d'informations. Dans la dernière section, nous présentons le cadre d'étude traité dans ce travail, les cas IRM cérébraux contenant des tumeurs cérébrales.

1. Recherche d'informations

1.1. Définitions et propriétés

La recherche d'informations est une discipline conçue pour faciliter la réutilisation des documents dans les bases de données complexes. Les domaines d'application étant diverses, la formulation des critères de recherches est spécifique suivant les types de documents recherchés et les besoins de l'utilisateur (Zhang et al., 1996).

Une définition générale de la recherche d'informations proposée par Blair dans (Blair, 1979) et donnée comme suit : « L'utilisateur exprime son besoin d'information sous la forme d'une requête en vue d'obtenir de l'information. La recherche d'informations consiste à restituer les documents qui peuvent être pertinents par rapport au besoin d'information exprimé dans la requête. Il est probable que ce procédé soit réitéré puisque la requête demeure un moyen imparfait d'expression du besoin d'information et que les documents restitués à un moment donné permettent d'améliorer la requête utilisée pour la prochaine itération ».

En formulant une expression d'indexation de documents suivie par une approche de recherche, l'utilisateur doit préciser les critères de pertinence qui influent principalement les résultats affichés lors d'une procédure de recherche. Dans ce cadre, nous distinguons deux grandes approches de définition d'une requête : d'une part, la première approche est basée sur la description manuelle de la requête par l'utilisateur. Dans ce cas de figure, la formulation de la requête est soumise à un ensemble de primitives. D'autre part, la recherche par l'exemple est la plus appliquée dans les travaux récents. Dans cette approche, l'utilisateur propose un document – requête et le système doit retourner les documents les plus 'similaires' provenant d'une base de données (Salton et al., 1986).

1.2. Architecture d'un système de recherche d'informations

L'architecture standard d'un système de recherche d'informations est caractérisée généralement par deux étapes : une étape en mode autonome dite phase Offline et une deuxième phase en mode réel nommée phase Online. La première phase autonome consiste en des prétraitements nécessaires des données construisant la base de connaissances du système. Les procédures de cette phase sont opérées généralement en mode différé. La deuxième phase opère en temps réel et elle définit l'action fictive de la recherche. Les prétraitements sur la requête (image, texte, information multimodale, etc) sont semblables à ceux effectués dans la phase en mode différé. La phase Online se distingue par un module d'indexation et de mesure de similarité qui mène à une décision finale du système. La figure 1.1 illustre l'architecture standard d'un système de recherche d'informations.

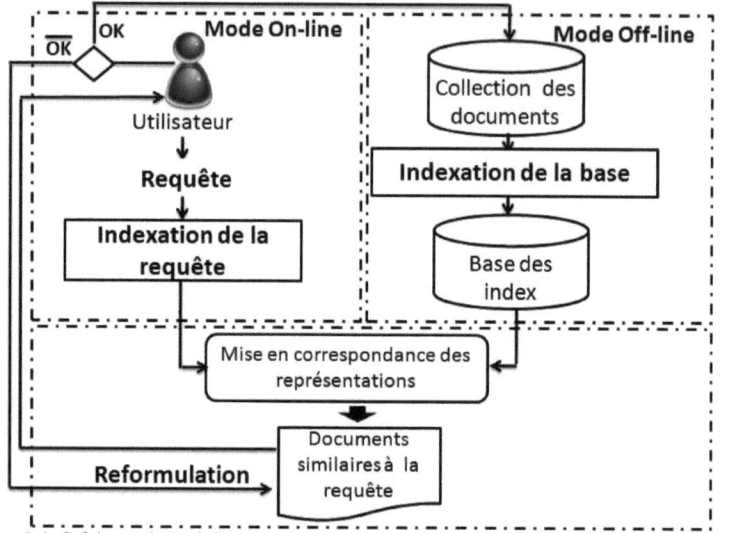

Figure 1.1. *Schéma général d'un système de recherche d'informations* **(Salton *et al.*, 1986)**

Un système de recherche d'informations est composé généralement des éléments suivants :

- Une signature d'un document qui joue le rôle de la reconnaissance des caractéristiques et la comparaison avec les documents présents dans la base de données. Dans le cas de la recherche basée sur les caractéristiques elles-mêmes, la signature est construite directement à partir des caractéristiques. Si nous nous situons dans un problème de recherche à partir de l'exemple, l'arrêt sur la construction de la signature est très fondamental puisque cela influe principalement la précision des résultats. La signature est souvent considérée comme l'index d'un document, nous parlons de l'étape d'indexation. L'index est construit en marge de processus de recherche et il dépend de la nature de l'information du domaine traité.
- Un algorithme de parcours dans la base de données qui permet d'indexer les objets recherchés. Un tel algorithme sert principalement à diminuer le temps de parcours de la base de données qui représente le domaine de connaissances de la problématique.
- Une méthode de mesure de similarité, qui se charge de la comparaison de la signature du document requête avec les signatures des documents déjà stockés. La décision sur la liste des documents similaires est déduite à partir de cette mesure.

- Une interface-utilisateur pour faciliter l'interaction de l'utilisateur et sa description de la requête de recherche. Une interface servira davantage dans le feedback utilisateur. L'intervention humaine peut être établie dans ce processus d'indexation avec un module de 'feedback utilisateur'. Ce module a un effet positif sur l'affinement des résultats obtenus du système (Chang *et al.*, 1992).

1.3. Types de données dans la recherche d'informations

Dans les dernières décennies, la recherche des documents multimédia est devenue un axe de recherche pilote dans divers domaines (Eidenberger, 2012). La recherche des documents multimédia émerge des axes de recherche variés. D'ailleurs, elle est basée sur des techniques et des concepts provenant essentiellement des domaines de la recherche d'informations classique, de la fusion des données, des approches de représentation structurelles, etc. La question principale qui se pose lors de traitement d'une problématique de recherche des documents multimédia est la suivante : rechercher par le contexte ou bien par le contenu ? Ainsi, trois catégories de recherche d'informations ont été dressées par la littérature selon le type de données appliqué : la recherche par le contexte, la recherche par le contenu et la recherche basée sur une fusion multimodale (Quellec, 2008).

1.3.1. Recherche par le contexte –Recherche textuelle-

La recherche par le contexte, connue aussi sous le nom de la recherche textuelle, représente le sujet principal de la recherche d'informations classique. Dans la recherche par le contexte, les informations textuelles sont récupérées lors de la création d'un document. Elles sont simples à manipuler et elles s'avèrent suffisantes pour satisfaire les besoins de l'utilisateur.

Dans un cadre d'information multimédia, les interprétations issues des photos et des vidéos prises par des appareils spécifiques sont considérées comme les informations contextuelles d'un système de recherche (Chevallet *et al.*, 2005). Ainsi, trois modèles de recherche sont classés dans cette catégorie : le modèle booléen, le modèle vectoriel et le modèle probabiliste.

- **Modèle Booléen :**

Le modèle booléen est le modèle le plus simple qui consiste à représenter les requêtes par des mots clés (Salton *et al.*, 1986). Ce modèle est basé sur la théorie des ensembles qui construit un index approprié à chaque document par une conjonction des mots clés. Supposons un document d représenté par un ensemble de termes $d = t_1 \wedge t_2 \wedge t_3..t_n$, une requête est développée par la conjonction des termes des documents par des opérateurs logiques (OR, AND, NOT), comme c'est donné dans l'exemple suivant : $q = (t_1 \wedge t_2) \vee (t_3 \wedge t_4)$.

- **Modèle vectoriel :**

Le modèle vectoriel consiste à représenter un cas sous la forme de termes pondérés. C'est un modèle algébrique dans un espace multidimensionnel où un document est représenté dans un vecteur de termes pondérés (Salton *et al.*, 1986). Etant donné un document D_j contenant T termes, le vecteur $\{w_{D_1}, w_{D_2}, \ldots, w_{D_T}\}$ définit le poids des termes dans le document D_j. Des requêtes sont appliquées entre les termes du document. Ces requêtes sont représentées généralement sous la forme d'une expression booléenne qui est reliée par des opérateurs logiques permettant des opérations d'union, d'intersection et de différence entre les ensembles de résultats associés à chaque terme. Pareillement, une requête Q est définie par $\{w_{Q_1}, w_{Q_2}, \ldots, w_{QT}\}$. Cette représentation est généralement couplée avec une mesure de similarité qui accentue les pondérations utilisées dans ce modèle.

- **Modèle probabiliste :**

Le modèle probabiliste est basé essentiellement sur l'estimation de la probabilité de la pertinence d'un document pour une requête donnée (Robertson *et al.*, 1988). Contrairement au modèle vectoriel, le modèle probabiliste admet que les termes d'indexation soient égaux en termes d'importance tout en considérant que la fréquence d'apparition d'un terme est indépendante par rapport à celles des autres termes du document. La modélisation dans un contexte probabiliste repose sur la description des objets (documents et requêtes) qui constituent l'environnement du système. Le rôle d'un modèle est de définir la meilleure représentation des objets par une valorisation de la relation de pertinence. Cette notion est utilisée dans l'estimation des paramètres du modèle. En effet, la décision sur les documents à retourner comme un résultat d'une requête dépend de la distribution en termes des documents pertinents-non pertinents. Egalement, la récupération des résultats pertinents est basée sur une classification probabiliste (PRP : Probability Ranking Principle). Plusieurs contributions de modèles probabilistes ont été proposées, tels que dans (Fuhr, 1992) et (Blair, 1979).

1.3.2. Recherche par le contenu

La deuxième catégorie est fondée sur l'extraction et le traitement des informations visuelles du domaine d'étude. La recherche basée sur le contenu vise à pallier aux limitations des systèmes de recherche à base textuelle. Récemment, les domaines du traitement du signal et des bases de données ont connu un développement considérable pour donner tous les éléments nécessaires permettant la caractérisation, l'indexation et la recherche des contenus visuels à partir des données multimédias. L'image est la modalité la plus fréquente dans la recherche d'informations par le contenu, la recherche à base d'images est connue sous le nom de 'Content Based Image Retrieval' (CBIR). Dans (Datta *et al.*, 2008), les auteurs définissent le CBIR comme « Toute technologie qui ; principalement ; aide à organiser les images digitales archivées par leur contenu visuel ». La recherche sur les CBIR fait appel à une multitude de disciplines telles que la vision par ordinateur, les algorithmes d'apprentissage, la recherche d'information, l'interaction homme – machine, les statistiques, etc. Toutes ces disciplines ciblent une recherche efficace et performante qui satisfait l'utilisateur du système. Dans un système CBIR typique, les données en entrée consistent en une ou plusieurs images. Le contenu visuel de ces images est extrait des descripteurs de l'image. Généralement, ces descripteurs sont stockés dans des vecteurs de caractéristiques. Le processus est défini comme suit : un utilisateur propose une image requête et demande au système de lui retourner les images similaires issues d'une base de données. La difficulté principale concerne la dissolution du gap entre le haut niveau sémantique et le bas niveau concrétisé par les caractéristiques visuelles de l'image (Hanson, 1990).

1.3.3. Recherche basée sur la fusion multimodale

La troisième catégorie consiste à associer une technique de fusion d'information aux approches de recherche contextuelles et visuelles. L'objectif de cette fusion est d'améliorer la qualité des résultats de la recherche, nous parlons de la recherche multimodale (Bloch, 1996). La fusion d'informations est un axe de recherche intéressant et qui est introduit dans des contextes variés tels que la segmentation d'images, la prévention de risque, l'aide au diagnostic, etc (Bramon *et al.*, 2012). Dans un contexte de recherche d'information, la fusion vise à améliorer la qualité de la recherche par une combinaison d'approches contextuelles et celles à base de contenu. Trois niveaux de fusion sont possibles : le niveau de signal, le niveau de fonction et le niveau de décision. Les deux premiers niveaux sont appelés une fusion précoce tandis que le troisième est considéré comme une fusion tardive (Bloch, 2003). Dans la fusion précoce, le challenge est de trouver une mesure de similarité commune entre les deux modalités de données fusionnées. Dans la fusion tardive, la similarité visuelle et la similarité textuelle sont traitées simultanément pour avoir deux vecteurs résultats. La fusion est appliquée, alors, sur les listes de réponse avant de les présenter à l'utilisateur (Fagin *et al.*, 2003). Dans un contexte médical, la fusion tardive s'avère la plus appropriée puisqu'elle permet de dégager un ensemble de cas semblables à un cas requête par une fusion multimodale du texte et des systèmes de recherche à base de données visuelles. A ce niveau, l'utilisateur peut exprimer sa requête soit par des mots clefs soit par des images requêtes. En effet, la cohérence entre le contexte et le contenu dans un document multimédia médical peut être un atout dans la pertinence des résultats du système de recherche.

2. Application de la recherche d'informations dans le domaine médical

En traitant une problématique médicale de recherche d'information, le terme 'cas médical' est appliqué pour désigner un document représentant le dossier médical d'un patient. Ce dossier peut contenir plusieurs types de données multimodales tels que le texte (rapport diagnostic), l'image (image scanner, image IRM), le signal (L'électrocardiographie), etc. Dans ce contexte médical, un système de recherche d'informations doit retourner les cas les plus similaires à un cas en cours d'évaluation pour exploiter le diagnostic et les traitements établis. Selon le glossaire du raisonnement à base des cas, un cas est considéré comme un «morceau de connaissance contextualisée» représentant une expérience qui enseigne une leçon fondamentale à la réalisation des objectifs du raisonneur» (Kolodner, 1993). Dans ce qui suit, nous allons nous limiter à l'utilisation du terme cas (similarité entre deux cas, recherche des cas, base des cas, etc.).

2.1. Propriétés du domaine médical : un flux important de données variées

2.1.1. Données médicales : diversification et multi modalité

Dans les dernières décennies, les données médicales se voient en constante évolution. Elles sont produites en nombre incrémental et avec des modalités variées. Prenons l'exemple des images qui renferment des techniques d'imagerie variées, telles que les X-ray, la tomographie par ordinateur, l'imagerie par résonance magnétique, l'échographie, etc. L'image médicale est probablement l'un des outils les plus fondamentaux dans la médecine offrant une source de diagnostic essentielle pour les cliniciens. Cet outil se distingue aussi par le fait d'être une procédure très rapide, non invasive et n'ayant pas des effets secondaires. Avec l'augmentation de la capacité de stockage des données numériques et l'évolution des dispositifs d'imagerie numérique, l'accès aux données numériques s'avère facile et rapide.

2.1.2. Systèmes informationnels dans le domaine médical

Le potentiel de l'aide à l''interprétation et la prise de décision sont motivés non seulement par les contraintes de temps sur les lecteurs, mais aussi par la reconnaissance des différences entre les lecteurs basés sur les erreurs de perception, le manque de formation ou la fatigue (Owens *et al.*, 1990). D'importantes variations inter-observatrices ont été documentées dans de nombreuses études. Prenons l'exemple de l'interprétation mammographique ; en fait, il existe une variation dans la sensibilité et une variabilité dans la spécification de l'aire de la courbe ROC (Receiving Operating Characteristics) d'un radiologue à un autre. Cette variation résulte en grande partie de la complexité du traitement des grandes quantités de connaissances nécessaires. C'est à partir de cette situation que proviennent les premières argumentations de l'introduction de l'outil informatique dans la démarche d'interprétation. L'utilisation des systèmes informatiques cible à faire assister les médecins dans cette démarche d'interprétation et créer d'avantage une source de reconnaissance supplémentaire. Dans les dernières années, plusieurs systèmes d'information hospitaliers (SIH) ont commencé à être implémentés suite à l'évolution de l'informatique. Les SIH primitives servent essentiellement à stocker une quantité énorme des données médicales hétérogènes qui augmente quotidiennement. Par conséquent, ces systèmes se sont avérés limités et n'ont pas répondu aux besoins des cliniciens. Les systèmes de communication et d'archivage d'image (Picture Archiving et Communications Systems: PACS) issus des systèmes d'information hospitaliers recherchent les images simplement par indexation basée sur le nom du patient, sur la technique réalisée ou sur les textes codés dans l'interprétation médicale (Smeulders *et al.*, 2000). Pour combler ces lacunes, les recherches se sont dirigées vers la conception des systèmes intelligents d'aide au diagnostic qui se basent sur le raisonnement à base de cas.

Toutefois, les PACS sont conçus principalement pour améliorer le volet perception de l'interprétation des images médicales grâce à des fonctions d'archivage sur un réseau local, les systèmes d'aide à la décision sont beaucoup plus performants et ils se concentrent sur le raisonnement des experts. C'est une imitation intelligente de l'interprétation réelle suivie dans le protocole médical. Cette interprétation est souvent une représentation formelle du processus de la maladie étudiée déduite par « une conclusion médicale ». Cette conclusion représente la démarche diagnostique à prétendre (Kahn, 1994). Prenons le cas d'un diagnostic radiologique, la démarche s'avère complexe puisque les radiologues se réfèrent aux connaissances plus larges que les caractéristiques visuelles de l'examen comme les antécédents cliniques ou bien les résultats d'autres examens. C'est ainsi qu'un système d'aide au diagnostic doit être conçu et utilisé par un radiologue pour intégrer ces connaissances et cette démarche.

2.1.3. Apport de la recherche d'informations dans les systèmes d'aide au diagnostic médical

L'aide à la décision dans l'interprétation médicale est devenue plus rapide grâce à l'évolution technologique de la télé-médecine. Le domaine médical est un champ d'application optimal pour la recherche, d'une part, parce que les données médicales sont produites d'une façon incrémentale; d'autre part, parce que les systèmes actuels n'offrent pas de recherche intelligente dans les archives exponentielles des hôpitaux. Les systèmes d'aide au diagnostic font appel à diverses techniques de fouille de données et de structuration des connaissances médicales (Quellec *et al.*, 2008). Les systèmes d'aide au diagnostic dans le domaine médical sont classés dans les catégories suivantes:

- Les systèmes de classification : l'objectif de cette famille est de décider sur l'affiliation d'un cas courant à un groupe pathologique précis ;
- Les systèmes de diagnostic : représentent la famille majoritaire et ils sont classés comme les systèmes les plus pratiques aux cliniciens. C'est un outil d'aide à la décision avec une proposition et une description des procédures à prétendre. Ces procédures sont définies dans les cas les plus proches à un cas courant ;
- Les systèmes de tutorat : ces systèmes ont un intérêt pédagogique. Ils offrent aux étudiants un apprentissage à partir du cas. Ils appliquent le même raisonnement que les systèmes de diagnostic ;
- Les systèmes hybrides : comme leur nom l'indique, ces systèmes ont plusieurs facettes d'utilisation et ils font appel aux diverses sources de données (Kahn, 1994).

2.2. Recherche des cas médicaux : Carrefour de domaines de recherche multiples

L'indexation et la recherche des données médicales est considérée comme un rassemblement de plusieurs axes de recherche classés sous l'intelligence artificielle. Nous citons trois grands domaines sur lesquelles sont fondées les contributions de recherche:

- Représentation de l'information : Les informations brutes extraites du corpus des documents médicaux multimédia ne sont pas adaptées pour une utilisation directe dans un module de recherche. De ce fait, la représentation des connaissances s'avère indispensable pour adapter convenablement le cadre de connaissance. Les approches de représentation intègrent des connaissances externes qui représentent des connaissances spécialisées par ontologies médicales à appliquer dans le processus d'indexation,
- Vision par ordinateur : Dans le cas de recherche à base d'images, un système nécessite un ensemble de connaissances pour réaliser la tâche attribuée. Dans un cadre médical, ces connaissances doivent être extraites à partir des caractéristiques discriminantes pour détecter les concepts sémantiques. Les techniques de vision par ordinateur visent à extraire les descripteurs visuels provenant des données utilisées dans le processus de diagnostic telles que les techniques de prétraitement des images, les outils de segmentation, etc.,
- Indexation des informations multimédia : Dans le domaine médical, le processus d'indexation fait appel aux diverses catégories de recherche d'informations énumérées dans la littérature vue la diversité des modalités des données utilisées dans un diagnostic médical. En effet, l'utilisation des annotations textuelles explique l'apport de l'indexation classique basée sur le texte ; les images et les vidéos sont traitées par l'indexation à base de contenu tandis que la fusion multimodale des données contribue à l'amélioration de la pertinence des résultats de recherche.

En outre, la recherche des données médicales fait appel davantage à des techniques d'apprentissage automatique, de reconnaissance des formes et d'extraction de données pour la découverte des nouvelles connaissances dans les bases de données. La phase finale dans le processus d'indexation : le feedback utilisateur requiert une interaction homme-machine considérable ce qui nécessite l'implantation d'un environnement d'interaction à temps réel convivial. La figure 1.2 expose un ensemble d'axes de recherche intervenant dans la thématique traitée.

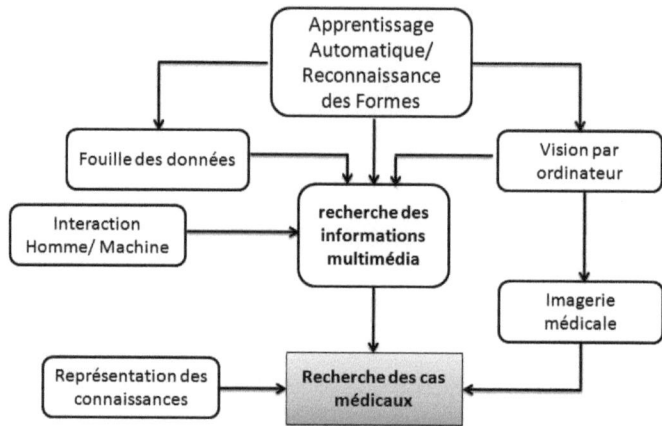

Figure 1.2. *Domaines de recherche en relation avec la recherche des cas médicaux*

2.3. Etat de l'art des systèmes de recherche d'informations appliqués dans le domaine médical

2.3.1. Les projets de recherche dans le domaine médical

Dans ce qui suit, nous énumérons des projets de recherche dans le domaine médical qui ont été proposés dans la littérature. Parmi ces travaux, quelques projets sont implémentés comme des prototypes dans les institutions hospitalières et qui se trouvent sollicités par les experts dans leurs routines de diagnostic quotidien. Des approches diverses d'extraction, de représentation de l'information et de mesure de similarité ont été introduites dans ces contributions. Dans un contexte général, un système d'indexation et de recherche proposé cible un problème pathologique et couvre un type spécifique d'images. Certains systèmes de recherche ont atteint un niveau de maturité qui leur permet d'être commercialisés.

Nous citons les travaux décrits dans (Shyu *et al.*, 1999) qui définissent un système de sélection et de recherche automatique muni d'une boite d'outils graphique (ASSERT : automatic search and selection engine with retrieval tools). Le projet ASSERT est un système d'indexation à base de contenu qui traite l'imagerie tomodensitométrie à haute résolution tomodensitométrie (TDM) des poumons. L'utilisateur de ce système délimite les zones d'appui pathologiques (en anglais PBR : Pathology Bearing Regions) et l'ensemble de repères anatomiques dans l'image. Dans la contribution décrite en (Lehmann *et al.*, 2003), les auteurs proposent un système de recherche nommé IRMA (Image Retrieval in Medical Applications). Ce système part d'une approche qui combine deux couches d'informations, une première par le contenu et une deuxième sémantique de modélisation de l'information. Le système IRMA est distingué par plusieurs avantages tels que son concept hiérarchique de la représentation des caractéristiques et l'architecture distribuée pour une implémentation efficace. Comme un autre exemple, nous évoquons le projet MedGift qui est basé sur un outil graphique d'imagerie médicale (GNU) cité dans (Henning Müller, 2005). Le projet MedGift est classé comme une application Open source qui profite de l'outil GIFT (GNU Image Finding Tool). MedGift est conçu pour fusionner de nouveaux outils sur l'environnement GIFT et ceci dans le but de créer un système adapté aux besoins spécifiques dans la recherche d'images médicales. De son côté, A. Mueen propose le projet MIARS (Medical Image Annotation and Retrieval System) dans (Mueen *et al.*, 2010). MIARS fournit une annotation automatique et prend en charge en mode texte, ainsi que l'image de diverses stratégies fonctionnelles d'indexation. Aussi, nous citons le projet européen Khresmoi (Kelly *et al.*, 2014) qui est un système de recherche avec un accès multimodal et multilingue. Ce projet enveloppe une énorme quantité de données médicales, y compris l'information médicale disponible sur Internet, ainsi que des images 2D et 3D issues des archives des hôpitaux. Une application d'indexation des images radiologiques a été également proposée par la bibliothèque nationale de médecine aux états unis. Cette application est nommé SPIRS (The Spine Pathology & Image Retrieval System) (Hsu *et al.*, 2007) et repose sur une grande base de données des images radiologiques des vertèbres (plus que 17,000 images). Un utilisateur peut lancer une requête de recherche dans ce système en fournissant un sketch des aperçus vertébraux ou bien en sélectionnant une image exemplaire radiologique et des informations textuelles. Les images pathologiques pertinentes sont annotées et offrent une description diagnostique affirmée. Le tableau 1.1 présente une liste de contributions d'indexation et de recherche d'informations appliquées dans le domaine médical. Nous avons choisi de décrire chaque contribution en cinq colonnes : la référence bibliographique, les types de descripteurs auxquels ils font recourent, l'algorithme de mesure de similarité, la méthode de segmentation utilisée et finalement la base de connaissance de référence. Parmi ces systèmes listés, rares sont ceux qui partent d'une aide au diagnostic multi modale. Ce tableau se base principalement sur les références décrites dans (Akgül *et al.*, 2011) et (Müller *et al.*, 2004).

Tableau 1.1. *Illustration de quelques systèmes de recherche d'informations appliqués dans le domaine médical*

Référence du Système	Types de descripteurs	Mesure de similarité	Segmentation	Les données utilisées
(Markonis et al., 2014)	Combinés	Recherche à base de plus proche voisin	Interactive	▪ Rapports radiologiques + Images associées
(Kitanovski et al., 2013)	Combinés	Basée sur la fusion linéaire pondéré	Interactive	▪ Collection ImageClef 2011 ▪ 230088 images
(Costa et al., 2012)	Combinés	Mesure basée sur les forêts aléatoires	Interactive	▪ 523 cas contenant des 3D CT des lésions hépatiques ▪ 244 Patients
(Quellec et al., 2011)	Combinés	Basée sur la fusion évidentielle	Interactive	▪ Rétinites diabétiques ▪ 67 patients, 1112 photographies
(de Oliveira et al., 2010)	Texture	Basée sur la classification	Semi-manuelle	▪ 5024 images mammographiques
(Chatzichristofis et al. 2008)	Généraux	Coeffecient Tanimato	Interactive	▪ 1000 images médicales variées
(Rahman et al., 2007)	Généraux	Basée sur la classification	Non	▪ 5,000 images générales (récupérées de la base de données CLEFmed) ▪ 20 Catégories (différents organes et pathologies)
(Kim et al., 2006)	Combinés	Distance vectorielle / Données textuelles	Automatique	▪ 300 VOIs extraits de 13 scanners PET cérébrales ▪ 2 cas tumeurs, 3 cas normales, 8 cas neurologiques
(Pokrajac et al., 2005)	Généraux	Distance Vectorielle	Manuelle	▪ Cartes de contrastes dégagées des IRM fonctionnelles contenant des cas d'Alzheimer.
(Qian et al., 2005)	Spécifiques	Procruste	Manuelle	▪ Images cérébrales de la colonne vertébrale ▪ 2,812 des profils avec des limites de vertèbres ▪ Aucune analyse de classification
(Luo et al., 2005)	Spécifiques	Basée sur la classification	Interactive	▪ 302 images de tomodensitométrie de foie ▪ 8 catégories pathologiques de foie
(Chevallet et al., 2005)	Combinés	Basée sur la classification	Non	▪ 8,725 images (Base de données CaseImageb) ▪ requêtes provenant de la bibliothèque l'image CLEF 2004 ▪ 26 énoncés de requêtes
(Amores et al., 2005)	Spécifiques	Basée sur une déformation élastique	Interactive	▪ 100 images intra vasculaires ultra sonores contenant des structures de plaques de calcium ▪ Similarité basée sur l'interaction et l'amélioration des enregistrements
(Antani et al., 2004)	Spécifiques	Procruste	Manuelle	▪ images radiologiques (X- ray) ▪ 250 profils de vertèbre ▪ 10 catégories de textures

				cervicales et lombaires.
(Cauvin et al., 2003)	Combinés	Basée sur la classification	Manuelle	- 150 images endoscopiques - Plusieurs classes provenant du diagnostic endoscopique.
(Gletsos et al., 2003)	Généraux	Basée sur la classification	Manuelle	- 147 cas extraits des prises de CT - 71 cas pathologiques
(Carson et al., 2002)	Généraux	Classification	Automatisée	- Catégorisation et recherche d'images radiologiques, 1500 Images (IRMA project X-ray library) - 17 classes radiologiques
(Petrakis et al., 2002)	Spécifiques	Correspondance Graphique (Graph matching)	Manuelle	- 124 images IRM - Aucune analyse de classification - Objectif de l'application: indexation et recherché rapide

2.3.2. Critiques de l'existant

L'implémentation réelle des systèmes de recherche d'informations comme une technologie confirmée et appliquée dans les services médicaux semble encore très limitée. Actuellement, le challenge principal dans cette discipline consiste à adapter les nouvelles technologies de l'information aux protocoles médicaux ordinaires. Néanmoins, il existe encore divers obstacles qui ralentissent ce processus de rapprochement. Parmi ces obstacles, nous citons :

- Le manque de collaborations fructueuses entre les experts médicaux d'un côté et les spécialistes en développement informatique d'un autre côté. La performance d'un système de recherche des cas médicaux dépend fortement du niveau de collaboration entre ces deux intervenants ;
- La difficulté dans la représentation symbolique et mathématique du contenu gigantesque dans l'imagerie médicale ;
- Le manque actuel d'outils d'évaluation fiables pour la performance des systèmes de recherche et la valeur ajoutée réelle dans le diagnostic médical.

Un challenge principal qu'affronte la discipline de la recherche d'informations dans le domaine médical s'illustre dans la dissolution du fossé sémantique entre le bas et le haut niveau d'un objet visuel. Le fossé sémantique connu dans les recherches scientifiques sous le nom de 'semantic gap' a été détaillé dans (Smith, 2007). Par définition, « le fossé sémantique est le manque de concordance entre les informations que l'on peut extraire des données visuelles et l'interprétation que les mêmes données ont pour un utilisateur dans une situation donnée » (Smeulders et al., 2000). Une image est constituée d'un ensemble de composantes visuelles et d'une description sémantique basée sur des modèles conceptuels et ontologiques. La notion de 'fossé sémantique' engendre en conséquence des problèmes dans les contributions d'indexation à base visuelle. C'est ainsi que cette notion est le fruit de l'ambigüité de la mise en correspondance des régions d'image avec les objets sémantiques qui apparaissent lors de traitement d'une image médicale. Plus généralement, ces problèmes proviennent des différences qui existent entre l'intention humaine et les résultats de recherche automatique qui peuvent surgir. La prise en considération de ces deux niveaux dans les prototypes d'indexation a fait son apparition dans la plupart des travaux d'indexation avec une orientation médicale. Cette orientation nécessite un effort d'encapsulation des approches de ces deux niveaux pour aboutir à des applications compréhensibles et pratiques.

3. Mesure de similarité dans un processus de recherche d'informations: Principes et Techniques

Dans cette section, nous nous intéressons à l'étape de mesure de similarité et de décision. Dans une approche de recherche d'informations, la mesure de similarité constitue le module le plus fondamental dans le processus de décision. Manifestement, un algorithme de mesure similarité dépend principalement des objets définissant le domaine traité. Une technique de mesure de similarité repose généralement sur une approche de comparaison qui incarne la spécificité de la nature des objets mesurables. Nous consacrons cette section à l'étude de la mesure de similarité et les principaux modèles proposés dans la littérature. Le philosophe Quine définit dans (Quine, 1969) la similarité entre deux objets comme étant « la similarité est fondamentale pour l'apprentissage, le savoir, la pensée, (...) Une prédiction raisonnable dépend de la similitude des circonstances et de notre tendance à attendre que des causes similaires aient des effets similaires ».

3.1. Etape de la mesure de similarité

Le problème fondamental affronté lors de la modélisation d'une approche de recherche d'informations se manifeste dans la formulation d'une notion logique et approuvée de la similarité. En effet, les systèmes qui font recours à un ensemble de données (objets visuels, objets numériques, etc.), tels que les systèmes de recherche d'information, nécessitent impérativement une technique d'évaluation de similarité performante entre ces données (Burkhard, 2001). Une mesure de similarité permet de représenter symboliquement les objets d'ensemble, de les classer hiérarchiquement et d'extraire par la suite les objets les plus pertinents. La similarité entre deux objets peut être compréhensible par une distance ; une distance faible entre deux objets est expliquée par une forte similarité entre eux. C'est ainsi qu'un problème de mesure de similarité est classé a priori comme un problème de classification (Fabiani, 1996).

Prenons l'exemple d'un CBIR, le moteur de recherche peut être considéré comme étant un processus d'apprentissage automatique. Ce processus vise à classer les images dans la base de données en deux classes (pertinent ou non pertinent) (Cunningham, 2009), ceci est établi par une mesure de similarité performante. De ce fait, les efforts ont été déployés principalement pour la conception des mesures appropriées de la similarité, tels que les travaux cités dans (Bergmann *et al.*, 1998), (Juarez *et al.*, 2009) (Lenz *et al.*, 1998). L'image fournit des informations à partir de deux niveaux : Un premier niveau sémantique et un deuxième niveau provenant de la description visuelle de l'image, connu comme étant le bas niveau. Par conséquent, le défi fondamental d'une mesure de similarité formulée réside dans le rapprochement de ces deux niveaux afin d'aboutir à une bonne compréhension des objets injectés dans le système de recherche.

Ci-dessous une définition générale de la notion de similarité entre deux uplets :

- **Définition1.1.**: La similarité entre deux uplets t_i et t_j dans une base de données est définie comme suit :
    - Une fonction de similarité, notée sim (), est définie pour ces deux uplets sur un domaine D. Cette fonction teste les objets de la base de données et donne une valeur de similarité élevée pour les objets ayant 'une grande ressemblance'.
    - La mesure de similarité définie doit respecter les contraintes suivantes :
        - ✓ $\forall t_i \in D, sim(t_i, t_i) = 1$
        - ✓ $\forall t_i, t_j \in D, sim(t_i, t_j) = 0$ si t_i et t_j n'ont aucune ressemblance.
        - ✓ $\forall t_i, t_j, t_k \in D, sim(t_i, t_j) < sim(t_i, t_k)$ si t_i ressemble plus à t_k qu'à t_j

Les stratégies de mesure de similarités sont diversifiées. Une stratégie de mesure ne peut pas être en isolation avec le modèle de représentation d'information du domaine de données (Burkhard, 2001). Dans ce qui suit, nous allons énumérer les modèles de la représentation de l'information dans le cadre de la mesure de similarité ainsi que les différents mécanismes de quantification de la similarité proposés par la littérature. La figure 1.3 illustre une taxonomie de modèles de représentation de l'information ainsi que de mécanismes de similarité.

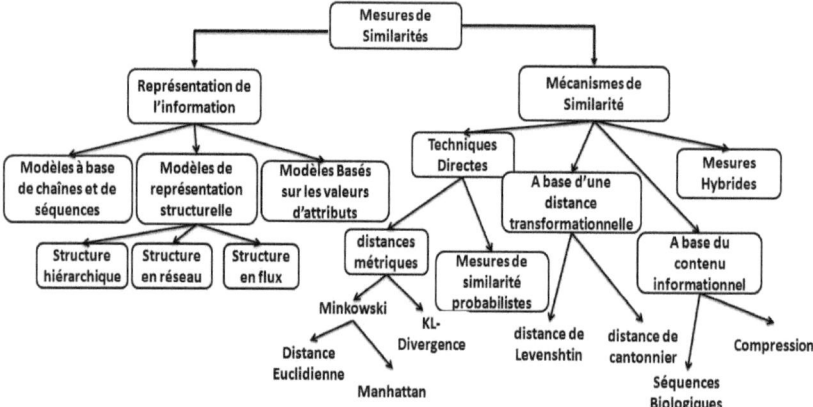

Figure 1.3. *Taxonomie de modèles de représentation de l'information et de mécanismes de similarité* **(Cunningham, 2009)**

3.2. Représentation de l'information dans une mesure de similarité

La représentation d'informations dans le contexte de recherche a été largement discutée dans la littérature pour proposer diverses approches. Toute approche dépend de la spécificité de l'information du domaine et la structure la plus adaptable aux propriétés des cas testés.

Les approches de représentation sont généralement classées sous trois catégories. Premièrement, nous notons les modèles basés sur les valeurs d'attributs qui enveloppent le scénario de représentation le plus simple. Dans cette catégorie, un cas est simplement représenté comme un vecteur d'attributs. Deuxièmement, nous mentionnons les modèles à base de représentation structurelle qui sont capables de représenter les relations entre deux objets. Cette représentation offre au système une description complète et raisonnable d'un domaine d'information. Troisièmement, les représentations textuelles qui sont appropriées pour les problèmes basés sur des sources à base de texte (Bergmann *et al.*, 1998). Dans ce qui suit, nous allons détailler les principes de ces trois catégories.

3.2.1. Modèles basés sur les valeurs d'attributs

Le scénario de représentation le plus simple consiste à allouer un vecteur de caractéristiques à un cas requête. La base des cas est considérée comme un ensemble d'exemples d'apprentissage représentés dans un vecteur numérique de dimension M normalisé dans un intervalle [0,1]. Ainsi, le vecteur des descripteurs représentant un cas X_i est schématisé par $(X_{i1}, X_{i2}, .., X_{iM})$. Dans l'étape de comparaison qui suit l'étape de représentation, deux cas sont comparés sur la base de ces vecteurs de descripteurs. Cependant, la procédure de comparaison résulte d'une partie commune qui rassemble les traits semblables et une partie disjointe contenant les traits différents.

Le modèle le plus connu à ce niveau est le modèle de contraste (Tversky, 1977) qui perçoit une similarité entre deux objets par une combinaison linéaire des mesures communes et disjointes de chaque entité. L'avantage majeur du modèle de contraste est qu'il est adéquat au traitement des caractéristiques de haut niveau ainsi qu'aux caractéristiques de bas niveau. D'ailleurs, il est capable de prédire aussi bien les similarités symétriques que les similarités asymétriques.

3.2.2. Modèles de représentation structurelle

Les expériences dans le développement des systèmes de raisonnement à base de connaissances ont démontré qu'un simple vecteur de caractéristique n'est pas suffisant pour représenter la complexité des objets rencontrés dans la pratique (Cunningham, 2009). Un objet est mieux interprété lorsqu'il est représenté dans une structure interne (Bergmann *et al.*, 1998)(Bunke *et al.*, 1994). L'idée fondamentale de la représentation structurelle consiste à allouer un modèle graphique à un objet requête. De là, cette procédure est assurée par l'attribution d'un ensemble de nœuds aux attributs représentant l'objet en question ; ces nœuds sont reliés par des arcs. L'architecture d'une structure représentant un objet doit projeter ses propriétés sémantiques dans le contexte réel (Di Sciascio *et al.*, 2002)(Falkman, 2000). Il existe une variété dans les structures proposées de ce type de modélisation. Toutefois, trois principales catégories sont largement décrites dans la littérature : la structure hiérarchique, la structure en réseau et la structure en flux.

- **Structure hiérarchique**

La structure la plus simple à ce niveau est une structure hiérarchique où les valeurs font référence à des objets non atomiques. En effet, cette structure est vue comme une extension du modèle basé sur les valeurs d'attributs avec une description structurale hiérarchique. Plusieurs références font appel à ce type de représentation dans la littérature telles que les contributions (Plaza, 1995) et (Smyth *et al.*, 2001).

- **Structure en réseau**

La structure en réseau a été appliquée dans plusieurs travaux dans la thématique des systèmes à base de connaissances. Cette structure démontre une bonne efficacité dans les problèmes qui se réfèrent à un raisonnement analogique. En effet, elle englobe plusieurs types de liens avec une diversité sémantique contrairement à la structure hiérarchique ou le type de lien est unique (Di Sciascio *et al.*, 2002).

- **Structure en flux**

La structure en flux est une fusion de la démarche décrite dans la représentation hiérarchique et la représentation en réseau. Le principe de la structure en flux se préconise dans la modélisation des informations dans une dimension temporelle. Cependant, la représentation structurelle est généralement utilisée dans la représentation des objets reposant sur un cadre informationnel complexe (Bergmann *et al.*, 1998).

3.2.3. Modèles de représentation à base des chaînes et des séquences

Dans les modèles à base des chaînes et des séquences, les informations sont généralement enregistrées dans un texte libre. L'application d'indexation la plus adéquate à ce type de modèle est la liste des questions les plus fréquentes (Frequently Asked Questions List) (Bergmann *et al.*, 2009). Dans cette catégorie, on note la stratégie de représentation connue sous le nom de 'Sac de mots' (the bag-of-words) qui se caractérise par une simplicité dans la prise en charge du texte libre.

3.3. Revue des mécanismes de mesure de similarité

La majorité des recherches appliquées dans les mécanismes de similarité sont proposées dans le cadre du raisonnement à base des cas (Cunningham, 2009). Un mécanisme de similarité dépend de la stratégie de représentation des l'information et il est considéré pertinent lorsque les relations cachées entre les objets associés à des cas sont traitées convenablement (Sanders et al., 1997). Un mécanisme de mesure de similarité est généralement basé sur une approche de comparaison qui incarne la nature spécifique des objets mesurables, ils sont classés en quatre catégories :

- Mesures de similarité directes
- Mesures basées sur une distance transformationnelle
- Mesures à base de contenu informationnel
- Mesures hybrides. (Smyth et al., 1998)

Dans ce qui suit, nous allons détailler ces quatre catégories.

3.3.1. Mesures de similarité directes

Une technique de mesure de similarité se présente après le calcul et la normalisation des vecteurs de caractéristiques pour tous les documents dans la base de données. En effet, chaque document est associé à un vecteur d'attributs. L'approche la plus appliquée à ce niveau se base sur le principe des « plus proches voisins » déduit suite à un classement des cas dans un ordre croissant suivant un score de distance, ceci doit correspondre à un ordre décroissant de similarité. Les techniques de mesure de similarité sont regroupées en deux familles : une mesure de similarité est soit géométrique soit probabiliste (Zezula, 2006).

3.3.1.1. Mesures de similarité à base des distances métriques

Les modèles utilisant l'espace métrique dans la mesure de similarité sont les plus populaires. Un espace métrique est classé comme la structure la plus favorable des données candidates à être indexées. L'idée principale de ce type de métrique est développée à partir d'une fonction de mesure de distance parcourue (notée aussi fonction de dissimilarité) entre les paires d'objets. Pavel Zaluza invoque dans (Zezula, 2006) l'espace métrique M d'un domaine E d'un point de vue formel comme suit :

$$M = (E, d) \quad (1.1)$$

d est défini comme la fonction de distance appliquée sur les différents objets du domaine. Par définition, une fonction de distance vise à définir une expression simple et standard d'une notion de similitude entre deux objets. Comme on l'a déjà défini précédemment, un objet provenant d'un domaine d'application est constitué de diverses caractéristiques hétérogènes qui proviennent des sources multi modales. A partir de cet ensemble initial, une fonction de distance doit avoir la faculté de simplifier cet ensemble en des valeurs numériques traitables mathématiquement. Une fonction de distance sur un ensemble E; notée d ; doit satisfaire les propriétés suivantes :

- Non-négativité : $\forall x, y \in E, d(x, y) \geq 0$,
- Symétrie: $\forall x, y \in E, d(x, y) = d(y, x)$,
- Séparation : $\forall x, y \in E, d(x, y) = 0 \Leftrightarrow x = y$,
- Inégalité triangulaire : $\forall x, y, z \in E, d(x, z) \leq d(x, y) + d(x, z)$ (Zezula, 2006).

Une fonction de distance qui obéit à ces propriétés est appelée une métrique de distance. Nous notons dans ce contexte plusieurs métriques de comparaison des vecteurs numériques. La métrique de la similarité la plus courante sur les vecteurs est sans doute la métrique de Minkowski. La forme générale de la distance de Minkowski entre deux points est représentée comme suit :

$$D(a, b) = \left(\sum_{i=1}^{n} a_i - b_i \right)^{1/n} \quad (1.2)$$

Où a_i et b_i sont des coordonnées qui correspondent aux stimuli a et b sur la dimension i. n est proposé comme le paramètre qui détermine le type de métrique.

A partir de cette métrique, plusieurs mesures de distance sont développées. La mesure de distance, appelée souvent une mesure de dissimilarité qui mesure le taux de différence d'un objet à un autre. Ces diverses mesures proposées se rejoignent dans la mesure où elles partent de l'idée de la quantification d'une distance traditionnelle dans un espace à deux dimensions.

A titre d'exemple, nous citons les mesures suivantes :

- **Distance euclidienne :**

La distance euclidienne entre deux vecteurs t_i et t_j est la distance entre les extrémités de ces vecteurs. Cette distance correspond à :

$$Dist(t_i, t_j) = \sqrt{\sum_{k=1}^{K}(t_{ik} - t_{jk})^2} \qquad (1.3)$$

- **Distance de manhattan :**

Cette distance est appelée aussi Taxi-distance. En fait, cette nomination est inspirée de la distance entre deux points parcourus par un taxi lorsqu'il se déplace dans une ville où les rues sont agencées selon un quadrillage. Cette distance est écrite comme suit :

$$Dist(t_i, t_j) = \sum_{k=1}^{K}|(t_{ik} - t_{jk})| \qquad (1.4)$$

D'autres métriques de distance sont proposées dans la littérature telle que la distance euclidienne pondérée (Leeuw *et al.*, 1978) ou bien la distance de Cauchy (MacKay, 2001).

Une requête injectée dans un modèle métrique est généralement définie par un objet q et des conditions qui doivent être satisfaites par des objets de référence. Ces conditions sont généralement exprimées comme une contrainte sur leurs distances avec l'objet de la requête. Par conséquent, une requête peut être classée soit comme:

- **Une requête du rangement :** Ce type de requête est appelé pour la sélection des objets dans le domaine de connaissance avec une distance prédéfinie à l'objet requête injecté. Une requête du rangement $R(q, r)$ est spécifiée par la requête q injectée et r le rayon de la distance limite acceptée. Si r = 0, alors la requête est définie en $R(q, 0)$, nous parlons alors d'une correspondance exacte.
- **Une requête de plus proche voisin (Nearest neighbor query):** le principe de cette requête consiste à récupérer un ensemble d'objets 'les plus proches' de l'objet requête. Ces objets sont nommés les voisins les plus proches de q. Généralement, selon les k plus proches voisins d'une requête q, une fonction $knn(q)$ suivant les connaissances du domaine (Hastie *et al.*, 2009).

3.3.1.2. Mesures de similarité probabilistes

Les modèles de mesure de similarité probabilistes ont été introduits en 1976 par Robertson & Sparck (Robertson *et al.*, 1988). L'idée capitale est fondée sur une estimation de probabilités. Ce modèle est considéré comme étant plus complexe que le modèle basé sur une métrique vectorielle. Le modèle probabiliste se distingue par deux caractéristiques :

- L'évaluation de l'objet par un ratio de probabilités souvent classé « Pertinent » ou « non Pertinent »,
- Le processus de cette évaluation est généralement itératif et nécessite l'interaction avec l'utilisateur.

La mesure de similarité dans un cadre probabiliste est aperçue à travers la dualité 'pertinence' (R) ou 'non pertinence' (NR). Le processus qui mène à l'extraction de l'ensemble final des objets pertinents est itératif et il est généralement composé de trois phases:

- Initialisation : Pour une requête donnée, l'estimation initiale des $P_0(t_i = x_{ij}|R)$ et $P_0(t_i = x_{ij}|NR)$ est un objet O_j,
- Recherche étape n : Une recherche dans une étape n consiste à estimer le nombre d'objets pertinents RO_n et le nombre d'objets non pertinents NRO_n sachant les données des probabilités $P_{n-1}(O|R)$ et $P_{n-1}(O|NR)$ (n-1 est l'étape qui précède l'itération actuelle),
- Estimation étape n : A partir des RO_n et NRO_n trouvés, cette étape vise à estimer $P_n(O|R)$ et $P_n(O|NR)$.

Supposons que les objets de notre domaine soient deux cas qui se définissent par deux vecteurs dimensionnels x et y. Le vecteur de la différence des caractéristiques est donné comme suit :

$$d = x - y \in R^{(q*1)} \qquad (1.5)$$

Ainsi, le ratio de vraisemblance postérieure de d est décrit comme suit:

$$\Delta(d) = \frac{p(d|A)}{p(d|B)} \qquad (1.6)$$

La motivation de l'application d'une estimation de $p(d|A)$ et $p(d|B)$ en terme des vecteurs des différences des caractéristiques provient de l'hypothèse que la similarité entre les images puisse être basée sur la quantification de la proximité des valeurs d'attributs. En effet, deux cas similaires ont des valeurs d'attributs similaires et deux cas dissimilaires ont relativement des valeurs d'attributs différentes.

Le modèle probabiliste suivi dans les mesures de similarité mène à d'autres approches de raisonnement qui offrent de nouvelles techniques telle que la notion de similarité en logique floue qui est présentée comme une approche consistante à ce niveau. Dans un cadre flou, la comparaison de deux objets est vue avec une certaine gradualité de ressemblance (Dubois *et* al., 1997). Dans ce même cadre, on déduit un ensemble de tous les ensembles flous $F(\Omega)$ à partir d'un ensemble d'éléments Ω. Le calcul de cet ensemble est toujours établi avec une mesure d'ensembles flous notée M.

- **Définition 1.2.** (Mesure d'ensemble flou) étant donné un ensemble d'éléments Ω, $F(\Omega)$ l'ensemble des ensembles flous de Ω, et étant donné $\subseteq$ une relation d'ordre sur les éléments de $F(\Omega)$. Une mesure d'ensemble flou M est une fonction définie sur $F(\Omega)$, à valeurs dans $\Re^+$, telle que $M(\Omega) = 0$ et $\forall A, B \in F(\Omega), B \subseteq A \rightarrow M(B) \leq M(A)$

Ainsi, la mesure de similarité M est calculée à partir d'une fonction $S: F(\Omega) * F(\Omega) \rightarrow [0,1]$. Cette fonction est calculée comme suit :

$$S(A, B) = F_S(M(A \cap B), M(B - A), M(A - B)) \qquad (1.7)$$

Pour récapituler, le modèle probabiliste est décrit comme une adaptation à une prise en compte des pondérations des descripteurs. Ce modèle prend en considération le nombre d'occurrences des descripteurs dans un objet conforme aux descripteurs qui distinguent un domaine d'application. L'efficacité du modèle probabiliste est souvent discutée et comparée à celle du modèle vectoriel. Généralement, un modèle probabiliste marque une suprématie par rapport au modèle vectoriel. Cependant, le développement d'un modèle probabiliste est beaucoup plus complexe que celui d'un modèle vectoriel.

3.3.2. Mesures basées sur une distance transformationnelle

L'idée principale de cette mesure consiste à mener des modifications sur la représentation initiale de l'information afin de la transformer en une représentation plus simple et rationnelle. Les transformations ont comme objectif l'évaluation de la capacité des systèmes cognitifs dans la découverte des nouvelles représentations. Cette approche est appropriée pour les représentations structurées décrites ci-dessus. Prenons l'exemple de structures basées sur la topologie réseau, et après des itérations finies de transformations, le réseau initial est transformé en un arbre. Ceci permet d'évaluer le concept de similarité rationnellement et indépendamment de la représentation initiale. Les chercheurs qui ont étudié cette approche de similarité ont mis en place un formalisme approuvé pour l'isomorphisme des graphes. Cette base théorique a été adhérée essentiellement par Bunke et Messmer (Bunke *et al.*, 1994) et par Bergmann (Bergmann *et al.*, 1998). Ainsi, deux principales stratégies définissent cette base théorique : les mesures à base d'appariement des graphes (Graph matching) et les mécanismes fondés sur la distance d'édition. Toutefois, et dans un contexte d'indexation, des variétés ont été déduites à partir de ces deux principales stratégies comme l'isomorphisme des sous-graphes et le problème de l'identification de plus grand sous-graphe commun.

Plusieurs contributions s'alignent dans ce paradigme. A titre d'illustration, nous notons la distance de cantonnier (The Earth Mover Distance) qui est une distance à base de transformation pour l'analyse d'images. L'idée principale de cette distance consiste à convertir une image en se basant sur une analogie de transport d'une distribution à une autre (Li et al., 2004). Egalement, nous notons la distance de Levenshtin (Edit Distance) qui mesure la similarité entre deux chaines tout en comptant le nombre d'insertions, suppressions et les substitutions nécessaires pour transformer une chaine à une autre. Cette distance est appliquée, entre autre, dans les contributions de la reconnaissance vocale.

3.3.3. Mesures à base de contenu informationnel

La théorie des mesures de similarité à base de contenu informationnel est perçue dans la littérature comme 'une théorie spectaculaire'(Cunningham, 2009). Deux principales approches sont indiquées à ce niveau : la mesure basée sur la compression (Li et al., 2004) et la mesure basée sur l'information de séquences biologiques (Chen et al., 2000). La mesure basée sur la compression des données est distinguée par son fonctionnement direct sur les données brutes sans faire un recours à une représentation des données ce qui évite le processus d'extraction de caractéristiques. Les mesures à base de contenu informationnel ont été appliquées pour résoudre les multiples problèmes dans les domaines du traitement de l'image et de l'infographie (Maes et al., 1997) (Viola et al., 1995). A titre d'illustration, nous notons la similarité à base de compression qui assimile deux documents en comparant leurs tailles compressés. En effet, deux documents sont considérés similaires si la taille de leurs fichiers compressés concaténés ne soit pas plus grande que celle de chaque fichier compressé à part (Chen et al., 2000). Cette mesure est largement utilisée dans les problèmes de la recherche linguistique. Nous évoquons, aussi, la similarité basée sur l'information pour les séquences biologiques qui s'aligne à cette théorie puisqu'elle se base, elle aussi, sur le principe de compression. En effet, ce qui caractérise les données en séquences de gènes est le fait que ces données sont généralement non compressibles en utilisant les techniques de compression standards. Ainsi, la similarité par des algorithmes de compression spécialisée fait preuve d'une efficacité dans les informations à base des gènes (Chen *et al.*, 2000).

3.3.4. Mesures Hybrides

Dans les dernières années, les recherches commencent à se focaliser sur des contributions de combinaison de mesures plutôt que sur les approches de similarité elles-mêmes. Cette tendance est expliquée par l'augmentation exponentielle dans la puissance du calcul du matériel informatique. D'ailleurs, le défi, à ce niveau, est d'exploiter la puissance disponible dans l'affinement des résultats retournés. Les mesures de similarités hybrides peuvent être internes ou externes. A titre d'exemple, nous citons trois techniques: les Forêts aléatoires (Random Forests) ; le Web basé sur le noyau (Web-based Kernels) et le noyau de Cluster (Cluster Kernel) (Lange *et al.*, 2004).

4. Critères d'évaluation d'une approche de recherche d'informations

4.1. Principe d'un processus d'évaluation

L'évaluation d'une approche de recherche est une tâche nécessaire pour mesurer la performance d'un système de recherche d'informations. L'évaluation doit prendre en considération le volet qualitatif des résultats affichés, le temps de recherche suite au lancement d'une requête et la taille d'une signature représentant un document. D'un point de vue général, une évaluation d'une approche de recherche requiert les données suivantes :
- Un ensemble de N documents (La base de données),
- Un ensemble de M requêtes de référence,
- Un ensemble de métriques d'évaluation. (Robertson *et al.*, 1988)

Comme nous l'avons mentionné précédemment, une approche de recherche d'informations vise à retourner les documents les plus pertinents à un document requête. Cette sélection est couplée avec le rejet des documents classés 'non pertinents'. Tout cela contribue à formuler une mesure de performance fiable ; il faut définir le concept 'Pertinence' du problème traité. En effet, il existe deux définitions fondamentales de ce concept, à savoir :
- **La pertinence :** c'est la correspondance dans le contexte entre une déclaration obligatoire de l'information ; généralement une requête injectée ; et un article ; qui

soit généralement un document dans la mesure où il est approprié à la déclaration obligatoire (Goffman *et al.*, 1966).

- **L'ensemble des documents pertinents :** c'est un sous ensemble provenant de l'ensemble initial des documents (Goffman, 1964). Cet ensemble est classé pertinent puisque les documents qu'il comprend sont appropriés aux classes prédéfinies par l'utilisateur. Par contre, un document est classé comme étant non pertinent lorsqu'il n'est pas adapté aux dites classes (Goffman, 1964).

Une approche de recherche est classée comme étant performante si elle délivre de bonnes performances sur trois volets :
- L'indexation des données dans la base de données. Cette étape est essentielle et permet de réduire le temps de réponse d'une requête de recherche puisque la comparaison concerne un sous – ensemble réduit de la base de données ;
- La fiabilité de la formule de la mesure de similarité. Ainsi, les résultats retournés du système d'indexation doivent satisfaire l'utilisateur ;
- L'efficacité dans la sélection des documents pertinents avec une politique efficiente dans le classement final de ces documents (Robertson *et al.*, 1988).

4.2. Indices de précision et du taux de retour

Il existe une politique commune pour mesurer et évaluer la pertinence d'une approche de recherche dans un domaine précis. Cette politique consiste à estimer l'efficacité de la récupération comme suit : Soit V_n la pertinence d'un document n, $V_n = 1$ si le document est pertinent, 0 sinon. Quand une requête est injectée, l'inférence du système retourne comme résultat les documents classés par ordre de pertinence. Pour chaque valeur d'une fenêtre de retrouvaille notée k (k= le nombre des documentes affichés sur l'interface des résultats, on calcule les indices de performance suivants:
- La détection: notée D_k, elle définit le nombre de documents extraits et elle est calculée comme suit :

$$D_k = \sum_{n=0}^{k-1} V_n \qquad (1.8)$$

- Les faux positifs : notés F_k, représentent l'ensemble des documents retournés suite à la requête de recherche mais ne correspondent pas à la requête :

$$F_k = \sum_{n=0}^{k-1}(1 - V_n) \qquad (1.9)$$

- Les faux négatifs : notés N_k, représentent l'ensemble des documents qui correspondent à la classe de la requête mais qui ne sont pas retournés par la requête de recherche :

$$N_k = \sum_{n=0}^{k-1}(V_n - D_k) \tag{1.10}$$

N représente le nombre de documents total.

A partir de ces indices, deux mesures de performance peuvent être calculées, la précision et le rappel. La précision est la quantité de documents pertinents récupérés tandis que le rappel est défini comme étant la proportion des documents pertinents récupérés (Salton *et al.*, 1986). Ces deux mesures dépendent étroitement du nombre de documents pertinents et également de la disponibilité d'un score sur la pertinence de chaque document requête. L'obtention d'un tel jugement peut être une problématique, surtout pour les grandes bases de données. En outre, il a été observé que les opérateurs issus de la perception humaine ne peuvent pas effectuer cette tâche à la perfection.

Mathématiquement, l'indice de la précision est le rapport entre le nombre de documents pertinents indexés et le nombre total de documents pertinents dans la base de données. Il est défini comme suit :

$$P_k = \frac{D_k}{D_k + F_k} \tag{1.11}$$

De son côté, l'indice de rappel définit le rapport entre le nombre de documents pertinents indexés et le nombre total de documents. Cet indice est calculé comme suit :

$$R_k = \frac{D_k}{D_k + N_k} \tag{1.12}$$

4.3. Courbe précision-rappel

Pour chaque ensemble de recherche, les indices de précision et de rappel peuvent êtres tracés dans un graphique. Généralement, ce graphique donne une courbe appelée courbe de précision – rappel, comme il est illustré dans la figure 1.4.

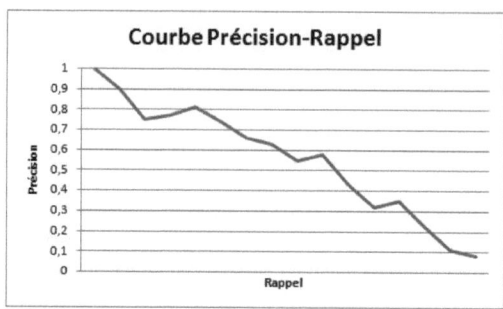

Figure 1.4. *Courbe de Précision – Rappel dans un contexte de recherche d'informations*

Une courbe de précision – rappel se représente généralement sous une forme en 'dents de scie' (saw-tooth) (Goffman et Newill, 1966). Si les $(k+1)^{ème}$ documents récupérés sont classés comme non pertinents ; alors le rappel est similaire pour le top k documents. Sinon, si le document est pertinent, alors la précision et le rappel accroissent en parallèle et la courbe fait un mont à droite.

4.4. Indice de robustesse

L'indice de robustesse consiste à tester un algorithme de recherche face aux valeurs manquantes. Précisément, cet indice mesure l'évolution de la précision en fonction d'un pourcentage d'informations manquantes. Etant donné $D = \{d_1, d_2, .., d_N\}$ le vecteur de caractéristiques définissant un cadre d'information donné et M un sous vecteur des caractéristiques provenant du vecteur D tel que $M \subset D$. Le degré des données manquantes est défini comme suit :

$$Degré = \frac{M}{D} \qquad (1.13)$$

Le processus d'évaluation de la robustesse est effectué comme suit :
- Pour chaque nouveau document testé, la précision pour une fenêtre de retrouvaille est calculée. Ce calcul fait recours à la génération de n dossiers dans la base de test tout en supprimant un nombre précis de caractéristiques. Il est à noter que les caractéristiques sont supprimées au hasard selon un pourcentage prédéfini.

- Le calcul de la robustesse est suivi d'une génération de la courbe de la précision moyenne tracée en fonction du pourcentage des caractéristiques manquantes et le nombre de dossiers dans la base de test (Salton *et al.*, 1986).

4.5. Autres mesures d'évaluation d'un système de recherche d'information

Un algorithme de recherche peut être évalué selon d'autres critères diversifiés. En effet, tout critère est classé dans l'une des trois catégories suivantes : les critères liés à l'utilisateur, les critères liés à la tâche de l'utilisateur et les critères liés au système. Nous donnons dans ce qui suit deux critères exemples qui illustrent cela.

4.5.1. Temps de réponse système

Le critère du temps de réponse système est un critère simple et répandu dans l'évaluation d'une procédure de recherche. Effectivement, un système de recherche qui retourne rapidement les résultats est très apprécié de la part d'un utilisateur. Réellement, la valeur de ce critère correspond au temps passé dans une procédure de recherche depuis la proposition d'une requête jusqu'à l'affichage des résultats à l'utilisateur.

4.5.2. Moyenne Harmonique

Ce critère retourne la moyenne harmonique de rappel et de précision d'un algorithme d'indexation. La moyenne harmonique est donnée par la formule suivante :

$$H_k = \frac{2}{\frac{1}{P_k} + \frac{1}{R_k}} \qquad (1.14)$$

Où P_k et R_k représentent, successivement, le taux de précision et le taux de retour du document k. Bien évidemment, la valeur de la moyenne harmonique varie entre 0 et 1. Ainsi, la valeur de cet indice dépend des celles des indices de rappel et de précision. D'ailleurs, nous déduisons que le système n'a pas retourné un bon nombre de résultats pertinents si la valeur de ce critère tend vers 0.

Dans ce travail, nous avons choisi de traiter une problématique de recherche dans un contexte médical. Nous nous sommes intéressés dans ce cadre à une problématique de recherche des dossiers médicaux contenant des tumeurs cérébrales. Ce problème de recherche est classé comme étant spécifique. Nous justifions ce choix par la complexité du domaine d'étude sélectionné qui se distingue par une grande variété en nombre de tumeurs et une complexité dans le processus d'interprétation. Le diagnostic d'une tumeur cérébrale se distingue par un aspect probabiliste qui requiert une référence aux expertises provenant de diverses sources. Par la suite, nous allons présenter dans la section suivante les propriétés et le contexte des tumeurs cérébrales ainsi que les propriétés du diagnostic et d'interprétation de ce cadre d'étude.

5. L'imagerie par résonance magnétique et les tumeurs cérébrales

5.1. Tumeurs cérébrales : Propriétés et diagnostic

5.1.1. Propriétés des tumeurs cérébrales

L'étude actuelle porte sur un type de pathologie très fréquent et connu par sa grande diversité, à savoir les tumeurs cérébrales. Une tumeur du cerveau est une tumeur intracrânienne qui est incluse à l'intérieur du crâne ou dans le canal médullaire central (Atlas, 2009). Les tumeurs apparaissent habituellement dans le cortex ou dans la substance blanche sous - corticale et développent souvent des calcifications. Le diagnostic d'une tumeur s'inscrit dans une démarche clinique bien précise et complexe conduisant par la suite à une décision thérapeutique adaptée. Le processus du diagnostic d'une tumeur cérébrale est composé de plusieurs étapes: la suspicion, la détection, l'observation et la détermination de sa nature histologique (Osborn *et al.*, 2009).

Le diagnostic médical est une démarche suivie pour déterminer la pathologie dont souffre un patient (Koo *et al.*, 2006). En réalisant cette démarche, un médecin opte pour la détermination des symptômes qui affectent le patient afin d'élaborer un examen clinique tout en décidant sur la tumeur la plus probable. Le processus de diagnostic s'appuie généralement sur des données cliniques collectionnées et enrichies d'avantage par des examens complémentaires.

La démarche diagnostique des tumeurs cérébrales s'inscrit sous un protocole unifié, enchaîné et énuméré comme suit :

- Reconnaissance de la lésion,
- Evaluation de son retentissement,
- Identification de sa topographie,
- Caractérisation de sa composition tissulaire,

- La détermination de sa nature (Smith *et al.*, 2009).

Plusieurs sources de données peuvent être utilisées par le clinicien dans sa démarche diagnostique. Chacun de ces examens fournit une information bien précise pour la formulation d'un avis argumenté et interprété du patient en question. Nous notons à titre d'exemple le rappel clinique, l'imagerie, le diagnostic histologique, etc.

5.1.2. Apport de l'IRM dans le diagnostic des tumeurs cérébrales

Nous nous intéressons dans ce travail à l'imagerie par résonance magnétique (IRM) qui est une technique de diagnostic médical (Van Walderveen *et al.*, 1995) en développement depuis les années cinquante. Cette technique offre des images avec une bonne précision anatomique vu qu'elle produit des images tridimensionnelles (Al-Okaili *et al.*, 2006). Aujourd'hui, l'IRM est devenue une technique majeure de l'imagerie médicale moderne. L'examen radiologique est une étape fondamentale dans le processus de diagnostic des tumeurs cérébrales. Dans ce contexte, L'IRM est considérée comme étant une technique performante par rapport au scanner (TDM) puisqu'elle est adaptée à réaliser des images sur tous les plans grâce à sa grande précision anatomique (Van Walderveen *et al.*, 1995). En effet, l'IRM possède une place prépondérante dans les examens liés aux pathologies neurologiques (tumorales, infectieuses, inflammatoires, etc.)(Osborn *et al.*, 2009).

La figure 1.5 donne l'ensemble de coupes possibles issues d'un examen IRM cérébral.

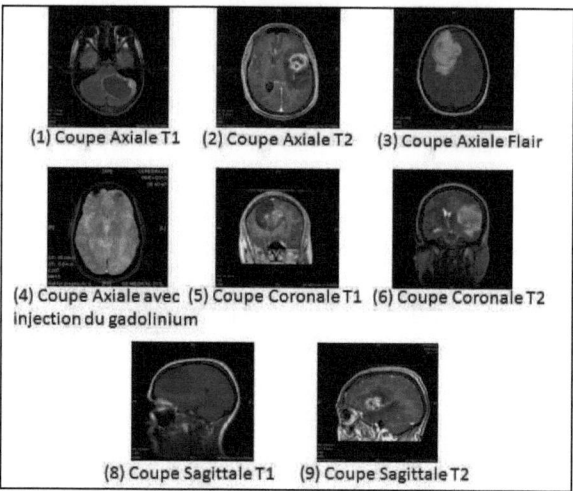

Figure 1.5. *Différentes coupes d'un examen IRM*

Le diagnostic radiologique n'est pas un diagnostic définitif et l'hypothèse radiologique est généralement confirmée par un examen anatomopathologique de la lésion (biopsie). La limite de l'IRM dans le diagnostic de la pathologie traitée apparaît dans sa faible capacité de reconnaître les hémorragies très récentes. Aussi, la technologie d'IRM n'est pas accessible à tous les patients vu que les médecins interdisent formellement un examen IRM aux patients possédant un corps étranger métallique dans leurs organismes (pace maker, clip vasculaire, stimulateur cardiaque, etc.). Parallèlement, les conditions difficiles d'un examen IRM obligent les radiologues, parfois, à interdire aux femmes enceintes d'y passer. Finalement, et comme toute autre technique d'imagerie, l'IRM n'est pas parfaitement fiable. La sensibilité de l'IRM (capacité d'approuver une lésion) et la spécificité (capacité « d'étiqueter » une lésion) sont variables en fonction des insuffisances de la machine (Osborn et al., 2009).

Dans l'annexe A, nous détaillons les propriétés des tumeurs cérébrales ainsi que le parcours suivi par un clinicien dans le diagnostic d'un cas IRM cérébral.

5.2. Cadre d'étude et présentation de données

5.2.1. Dossiers patients

Dans le cadre de ce travail, nous considérons la notion d'un 'cas' qui définit l'ensemble d'informations requises dans le processus de l'interprétation des examens médicaux contenant des tumeurs cérébrales contenant dans un dossier patient. En effet, chaque cas médical est représenté par un cliché IRM, une interprétation radiologique réalisée par un radiologue ainsi qu'une description contextuelle du cas courant. Tous les clichés sont fournis par une machine d'IRM 'General Electric's' 1.5 Tesla. Actuellement, nous disposons de 200 dossiers patients confirmés. La base d'images associée aux dossiers patients comporte 2000 photographies sélectionnées à partir des clichés initiaux de l'examen. Notre base est hétérogène et regroupe des types de tumeurs diversifiés à des degrés de présence différents. Lors de cette collecte, nous avons décidé de limiter le champ d'étude vu la grande diversité histologique des classes des tumeurs. De là, nous avons ciblé quelques types de tumeurs cérébrales intra axiales sous et sus tentorielles de caractéristiques peu semblables et qui sont les plus fréquentes dans les services de radiologie. Ces tumeurs sont énumérées dans le tableau 1.2. Dans l'annexe A, nous donnons une description de chacune de ces tumeurs (Louis *et al.,* 2007).

Tableau 1.2. *Liste des tumeurs considérées dans le cadre d'étude*

1	Métastase cérébrale
2	Astrocytome pilocytique
3	Glioblastome
4	Oligodendrogliome
5	Lymphome
6	Gliome de bas grade
7	Meningiome

5.2.2. Aspect probabiliste du diagnostic des tumeurs cérébrales

5.2.2.1. Caractéristiques du diagnostic d'un examen IRM cérébral

Après l'acquisition numérique d'un cliché IRM, le radiologue s'occupe de rédiger ses observations dans un rapport d'interprétation radiologique. Interpréter un cliché IRM cérébral consiste à produire une description symbolique, c'est-à-dire à reconnaître et à décrire les différentes entités qui le composent. Ceci est mené tout en prenant en considération des informations auxiliaires concernant le patient tels que l'âge et le sexe(Al-Okaili *et al.,* 2006)(Smith *et al.,* 2009). Un radiologue prépare son interprétation tout en s'appuyant sur les valeurs d'un certain nombre de descripteurs. Parmi eux, nous énumérons quelques uns qui sont considérés comme des descripteurs prioritaires:

- La localisation de la lésion (intra-ou extra-axiale, extra-ou sous-tentorielle; jonction avec le cortex, etc.),
- L'aspect des lésions (signal IRM, la lésion kystique, la présence de calcifications, oedème, etc.),
- La prise du contraste,
- Le nombre des lésions.

L'interprétation proposée par un radiologue n'est qu'une indication sur la tumeur la plus probable qui est déduite par l'observation des valeurs de descripteurs du cliché IRM. Le tableau 1.3 illustre la liste des descripteurs observés classés en deux familles : les descripteurs contextuels et les descripteurs morphologiques.

Tableau 1.3. *Descripteurs morphologiques et contextuels inclus dans l'interprétation d'une tumeur cérébrale*

Les descripteurs contextuels
L'âge
Le dossier médical du patient
Maladies Auxiliaires
Les descripteurs morphologiques
La localisation de la tumeur
Le caractère unique / Multiple
La forme de la prise de contraste
La prise de signal
L'importance + forme de l'œdème
La taille de la tumeur
La composante kystique
Les calcifications

5.2.2.2.   Raisonnement probabiliste dans le diagnostic des tumeurs cérébrales

Les médecins sont souvent confrontés à des choix difficiles dans le protocole thérapeutique à entreprendre puisque il repose sur la capacité du raisonnement et la vision dans la prise des décisions dans un contexte incertain. Le processus d'interprétation et du diagnostic élaboré par un clinicien est entaché d'incertitude parce que les données cliniques sont généralement imparfaites et les résultats du traitement sont incertains. L'incertitude dans ce contexte peut provenir de multiples sources telles que le taux des données incorrectes, l'ambigüité dans les relations entre les diverses informations disponibles, etc. En effet, quand un radiologue est confronté à un cas médial cérébral, sa décision peut être influencée par divers référentiels. Il peut se baser sur des connaissances acquises par l'expérience collective tout en se rappelant des associations qui peuvent exister entre les connaissances empiriques et les symptômes extraits du cas traité. Aussi, les principes physiologiques et le raisonnement déductif ont un impact valorisant sur la décision prise (Osborn et al., 2009). Or, plusieurs recherches ont étudié et démontré l'aspect probabiliste que prend un processus de diagnostic médical. Lloyd H. Junior décrit ce phénomène dans (Smith et al., 2009) « Les décisions médicales basées sur les probabilités sont nécessaires, mais aussi périlleuse. Même le médecin le plus habile aura occasionnellement tort ».

Dans cette lignée, un clinicien doit observer l'ensemble de vues et de séquences afin de rédiger son rapport argumenté par une annotation des descripteurs visuels extraits à partir des images. Le rapport final est généralement conclu par une citation d'une ou plusieurs tumeurs probables qu'elles soient présentes ou non dans le cas examiné. Le diagnostic des cancers cérébraux est une tâche difficile et nécessite l'intervention de plusieurs techniques modernes d'imagerie. Le processus s'inscrit dans une liste de mesures cliniques successives menant par la suite à une décision thérapeutique adaptée. En fait, le cadre de décision englobe des règles de raisonnement conflictuelles qui rendent la précision dans la décision d'un clinicien souhaitée difficile. A titre d'illustration, la description des tumeurs dans la littérature évoque que plusieurs tumeurs cérébrales sont localisées dans le même emplacement. Encore, le volume exact d'une tumeur n'est pas reconnu facilement puisqu' une quantité d'eau extracellulaire, connue sous le nom d'œdème, s'accumule autour de la tumeur ce qui rend difficile la discrimination exacte des marges tumorales. Cependant, et même dans une tumeur avec un important œdème périlésionnel, l'éventualité d'avoir des cellules tumorales infiltrées dans le cerveau reste possible.

A titre d'exemple, nous présentons dans ce qui suit la démarche de classification d'une masse intracrânienne décrite dans (Al-Okaili et al., 2007). La figure 1.6 schématise l'ensemble des nœuds ou des questions susceptibles dans un processus d'interprétation d'une lésion tumorale.

Un expert atteint le diagnostic le plus approprié à un cas donné par une succession de chemins interconnectés.

Figure 1.6. *Démarche de classification d'une masse intracrânienne inconnue* **(Al-Okaili et al., 2007)**

5.2.3. Serveur de stockage des données cliniques

Nous disposons actuellement d'un domaine d'étude qui figure dans la base de données des dossiers patients. Cette base de cas regroupant une collection des examens IRM interprétés par les radiologues. Pour leur permettre de travailler dans un environnement convivial et simple, nous avons réalisé une application pratique aux radiologues pour qu'ils puissent interpréter chaque nouveau cas ajouté. Cette application est couplée avec un serveur d'archivage distant. En effet, nous avons opté pour le stockage des données sur ce serveur afin de garantir une souplesse d'accès pour les utilisateurs et surtout une disposition perpétuelle pour son exploitation tout en assurant la sécurité des informations que nous disposons. Ce serveur se caractérise par la facilité d'accès aux données collectionnées (Yazid *et al.*, 2011a).

Le processus de stockage d'un nouveau cas est simple et il est assuré par les radiologues. La figure 1.7 décrit le processus d'archivage des dossiers patients contenant des tumeurs cérébrales dans la base de données distante. Les utilisateurs sont censés y accéder en utilisant des interfaces pratiques. Un ajout d'un nouveau cas consiste à créer le dossier- image (1), la définition des données visuelles sélectionnées par les experts (2) ainsi que l'enregistrement des données cliniques du patient (3).

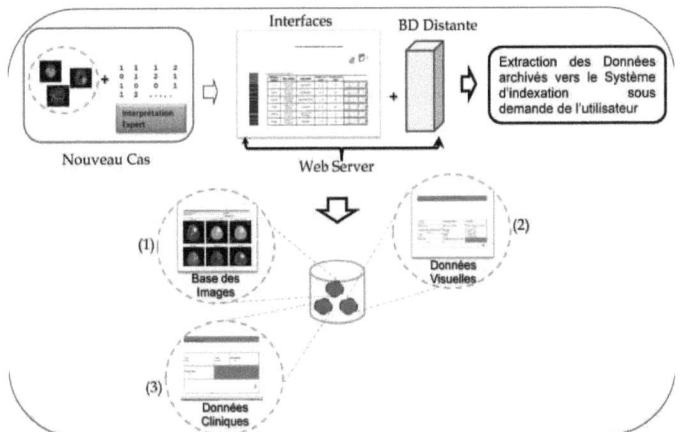

Figure 1.7. *Architecture du serveur d'archivage des cas médicaux*

Pour décrire un cas dans ce serveur des données, nous avons commencé par définir un langage symbolique de descripteurs issus d'une interprétation radiologique. Cette liste sera utilisée dans la description des connaissances du domaine d'étude. D'ailleurs, le tableau 1.4 comporte la liste des descripteurs (ou attributs) et leurs valeurs possibles qui sont appliqués dans le travail actuel. Néanmoins, cette liste reste évolutive.

Tableau 1.4. *Descripteurs visuels et contextuels et leurs valeurs possibles*

	Les Descripteurs	Les Valeurs possibles
Les Descripteurs morphologiques	Siège	Sus-tentoriel, sous-tentoriel
	Localisation	Tronc cérébral, vermis, hémisphère cérébral Superficiel, hémisphère cérébral profond
	Limite	Bien Limité, mal limité
	Taille	Petite, moyenne, grande
	Nombre	Unique, multiple
	Œdème	Absent (0), minime (+), important (++), très important (+++)
	Effet de masse	Absent (0), minime (+), important (++)
	Prise de contraste	Absente, faible, intense
	Type de la prise de contraste	Nodulaire, annulaire, annulaire et nodulaire
	Composition	Charnue, kystique, mixte,
	Signal en T1	Hypo-signal, iso-signal, hyper-signal, hypo et iso-signal

	Signal en T2	Hypo-signal, iso-signal, Hypersignal, iso-signal et hypersignal
	Composante Kystique	Absente (non), présente (oui), rare
	Calcification	Absente (non), présente (oui), rare
	Hémorragie	Absente (-), présente (+)
	Envahissement du corps Calleux	Absent (-), présent (+)
Les Descripteurs contextuels	Age	Enfant, Adulte jeune de 20 à 40 ans, adulte de 40 à 60 ans, Sujet âgé de plus de 60
	Sexe	Homme, Femme
	Autres Maladies	Oui, Non
	Première Affection	Oui, Non

Conclusion

Dans ce chapitre, nous avons présenté les notions et les concepts de la recherche d'informations. La recherche d'informations est une discipline qui a comme finalité la localisation d'un ensemble de documents suite à une requête utilisateur en fonction de son besoin. Les applications médicales représentent un domaine adéquat pour appliquer les principes de cette discipline. Aussi, nous avons exposé le domaine d'étude, sur lequel, seront appliquées et évaluées les approches de recherche proposées dans ce travail. Le diagnostic des tumeurs cérébrales représente une problématique intéressante à traiter dans un contexte de recherche d'informations. Nous avons crée, dans ce cadre, une base des dossiers médicaux approuvés représentant chacun un patient ayant une tumeur cérébrale.

Notre objectif dans ce travail est de proposer une approche de recherche permettant de retourner les dossiers médicaux les plus similaires à un nouveau dossier testé. Pour cela, nous procédons à la proposition de trois cadres de représentation et de décision de la problématique de recherche courante : le cadre probabiliste, le cadre possibiliste et le cadre évidentiel.

Nous commençons par proposer une approche de recherche basée sur les modèles graphiques probabilistes. En effet, ces modèles sont considérés comme un outil performant dans la représentation graphique des problèmes complexes. Les modèles graphiques probabilistes ont été prouvés dans la littérature comme étant des outils appropriés dans le traitement des problèmes de décision qui se caractérisent par un certain degré d'incertitude et d'imprécision.

Chapitre 2
Modèle d'indexation et de recherche basé sur les modèles graphiques probabilistes

Introduction

Les approches de la recherche d'informations se fondent sur une base théorique de représentation du cadre d'étude et de mesure de similarité confirmée. Dans ce chapitre, nous allons situer la problématique de recherche des données médicales dans un cadre probabiliste afin de modéliser une approche de mesure de similarité et de décision fiable et proche du cadre réel du diagnostic médical. Pour cela, nous avons choisi les modèles graphiques probabilistes afin de gérer convenablement l'aspect probabiliste du diagnostic médical. En effet, ces modèles ont démontré leur utilité dans un large éventail de domaines d'application. Il existe plusieurs formalismes d'illustration des modèles graphiques probabilistes qui se différencient dans leurs méthodes d'apprentissage et dans les approches d'inférence. Dans ce travail, nous avons choisi de travailler avec les réseaux bayésiens qui se présentent comme un cadre approprié de représentation compacte d'une distribution de probabilités conjointes sur un grand nombre de variables indépendantes (Pourret *et al.*, 2008). Les réseaux bayésiens ont démontré leur apport dans diverses problématiques d'indexation et de recherche d'informations. En plus, ils ont prouvé une bonne performance dans le traitement de l'incertitude (Nielsen *et al.*, 2007). De ce fait, nous partons de ces constats pour développer une approche de recherche des cas IRM cérébraux se basant sur les principes et les propriétés des réseaux bayésiens. La démarche suivie commence par la représentation du cadre d'études dans des modèles qui serviront comme des classifieurs bayésiens. Le processus de mesure de similarité et de décision va se référer sur les données récupérées des classifieurs bayésiens conçus. Nous proposons, dans ce contexte, deux mesures de similarité et de décision qui seront présentées dans ce chapitre.

Ce chapitre est organisé en six sections : dans la première section, nous commençons par introduire les modèles graphiques probabilistes. La deuxième section s'intéresse aux formalismes bayésiens et les étapes de la construction d'un réseau bayésien. Dans la troisième section, nous présentons la démarche suivie du modèle bayésien de classification des tumeurs cérébrales. Dans la quatrième section, nous décrivons l'approche de recherche basée sur la correspondance graphique des signatures issues d'une inférence bayésienne. Dans la cinquième section, nous décrivons l'approche de recherche basée sur la correspondance des chemins de propagation d'informations. La dernière section est consacrée à présenter et discuter les expérimentations réalisées.

1. Modèles Graphiques probabilistes

1.1. Présentation des modèles graphiques probabilistes

Les modèles graphiques se présentent comme étant une fusion entre la théorie des probabilités et la théorie des graphes. Ils constituent un outil performant pour le traitement des problèmes d'incertitude et de complexité rencontrés dans les systèmes à base de connaissances. Ces deux notions sont de plus en plus discutées dans la littérature puisqu'elles jouent un rôle important dans la conception et l'analyse des algorithmes d'apprentissage automatique (Edwards, 2000).

Un modèle graphique est constitué de deux composantes : une composante qualitative et une autre quantitative. Le niveau qualitatif (structure du modèle) est un graphe (d'où provient le nom du modèle graphique). Les graphes sont composés généralement de nœuds. Chaque nœud représente un attribut et chaque arête définit la dépendance directe entre les deux attributs. La structure graphique encode d'une manière spécifique les indépendances conditionnelles entre les attributs. Par conséquent, un modèle graphique est souvent appelé un graphique d'indépendance conditionnelle (Aggarwal, 2009). Les modèles graphiques sont appelés probabilistes puisqu'ils s'appuient sur un raisonnement stochastique. En effet, la théorie des probabilités fournit la composante nécessaire pour la combinaison des éléments constituant un modèle graphique (nœuds, arcs, etc.) tout en assurant que ce même modèle reste consistant (Henrion, 1989). La modélisation graphique fusionnée avec la théorie des probabilités fournit un formalisme naturel pour la conception de nouveaux systèmes (Jordan et al., 1999). D'ailleurs, la multitude de domaines d'applications des modèles graphiques a mené à la proposition de différents formalismes tels que les modèles bayésiens, les modèles de Markov (Rabiner, 1989), les filtres de Kalman, etc. (Wainwright et al., 2008).

Les modèles graphiques connaissent un intérêt ascendant parce qu'ils sont adaptés au traitement des informations incomplètes. La résolution explicite des problèmes contenant des informations incertaines et imprécises devient un besoin principal dans la pratique industrielle. D'ailleurs, l'intention capitale des travaux de recherche appliquant les modèles graphiques est de créer un compromis entre ces deux notions. Souvent, la modélisation de l'incertain consiste en une représentation exhaustive des distributions multi – dimensionnelles (Aggarwal, 2009). Une information est incertaine si la probabilité de sa réalisation est comprise entre 0 et 1. De son côté, l'imprécision concerne le défaut quantitatif des connaissances qui se développe en une erreur de contenu quantitatif. Une information imprécise est définie lorsque l'erreur sur sa valeur n'est pas nulle. Dans ce qui suit, nous allons expliquer davantage les deux notions 'incertitude' et 'imprécision' (Aggarwal, 2009).

1.1.1. Incertitude

La source de l'incertitude dans un modèle graphique provient souvent de l'incrédibilité des dépendances fonctionnelles entre les attributs (le niveau structurel dans le modèle), ces dépendances sont classées déterministes. Ainsi, cette situation peut être modélisée dans un cadre imprécis (Henrion, 1989). Pour surpasser cette anomalie, un appel aux informations supplémentaires déjà disponibles est souvent appliqué. Ces informations sont injectées avec un degré de confiance alloué à chacune d'elles et elles sont calculées par référence à une théorie telle que celle de la probabilité ou bien la théorie possibiliste. Toujours dans le cas d'un diagnostic médical d'une pathologie, le médecin est confronté à l'absence de quelques informations pour pouvoir mener son raisonnement. Dans ce cas, le médecin opte pour la probabilité de la pathologie la plus fréquente et la plus critique avec une prise en considération d'autres alternatives.

1.1.2. Imprécision

L'imprécision, observée comme un ensemble de données évaluées, est une propriété courante dans le traitement d'informations. L'imprécision dans les modèles graphiques est exprimée, dans la situation où, les connaissances génériques sur les attributs observés peuvent être exactes mais celles sur les dépendances entre ces mêmes attributs sont relationnelles (Borgelt *et al.*, 1998). Par conséquent, on ne peut pas déduire les valeurs exactes des attributs à partir des valeurs de nœuds observés. Dans cette situation, les connaissances qui sont prises sur les attributs d'un graphique peuvent être imprécises et engendrent ainsi une imprécision sur tout le modèle. Prenons l'exemple d'un modèle schématisant un diagnostic médical d'une pathologie, un médecin peut se trouver dans une situation de conflit vu qu'il ne dispose pas de tous les symptômes et il n'a, ainsi, qu'à proposer un ensemble d'alternatives pathologiques. La décision n'est pas précise mais il est certain que l'une de ces pathologies porte en elle la description correcte du cas traité.

1.2. Composantes d'un modèle graphique probabiliste

L'intérêt principal d'un modèle graphique probabiliste consiste à déduire la loi jointe d'un vecteur des valeurs S tout en mettant en évidence les relations des dépendances de ses variables $x_1, x_2, ...x_n$. Ordinairement, un graphe définit l'ensemble des relations des attributs (représentés dans des nœuds) par des relations de dépendance. L'aspect probabiliste de ces graphes est développé par l'intermédiaire des lois de probabilité de chaque variable. Ce dernier dépend conditionnellement d'un ensemble des variables (nœuds parents). En effet, la construction d'un modèle graphique est fondée sur une notion principale de modularité : La combinaison des parties simples provoque la construction d'un système complexe. D'ailleurs, trois composantes se révèlent fondamentales pour modéliser correctement un problème sur un graphe probabiliste : la composante qualitative, la composante quantitative et l'approche de raisonnement suivie dans le modèle (Donat, 2009).

1.2.1. Composante qualitative

Le niveau qualitatif dans un modèle graphique représente la schématisation des relations qui peuvent exister entre les variables. Ces relations sont prises deux à deux. Effectivement, c'est la structure composée des arcs et des arêtes dont se constitue le modèle graphique. La procédure de sélection d'une structure d'indépendance conditionnelle est quantifiée comme un problème NP- difficile. Par ce fait, des algorithmes d'apprentissage sur la structure se basant sur les heuristiques sont proposés. Généralement, ces heuristiques sont structurées selon deux modules : une méthode de recherche et une métrique d'évaluation (Chow *et al.*, 1968), (Heckerman *et al.*, 1995), (Verma *et al.*, 1992).

1.2.2. Composante quantitative

La composante quantitative concerne l'évaluation numérique des distributions de probabilités conditionnelles de chaque variable (attribut) constituant un graphe. Cette distribution suit généralement une loi jointe générée à partir d'une base d'observations tout en supposant que la composante qualitative, créée précédemment, est compatible avec cette distribution. La composante quantitative est nommée aussi le graphe d'indépendance (Murphy, 2001). La partie qualitative diffère d'un type de graphe à un autre.

1.2.3. Raisonnement dans un modèle graphique

Après la fixation de la structure du graphique ainsi que la distribution des valeurs dans chaque nœud, nous pouvons évoquer le processus de propagation de l'information dans le réseau. Un raisonnement dans un modèle graphique peut être décrit comme suit : Les informations obtenues par des observations prédéfinies sur un attribut sont propagées sur la distribution de toutes les arêtes contenant cet attribut. Ensuite, cette distribution est projetée sur toutes les intersections 'arête – arête' composant le graphe. Ainsi, cette propagation est répétée jusqu'à ce que toutes les informations soient distribuées sur l'ensemble des attributs. En effet, cette démarche est fréquemment appelée une inférence (Cooper, 1990). Cette dernière est une déduction d'un ensemble de connaissances qui peuvent être schématisées comme des vérités, des probabilités, des possibilités, etc. par le transfert itératif d'un ensemble de propositions (évènement, états d'autres propositions, etc.).

1.3. Formalismes des modèles graphiques probabilistes

La puissance des modèles graphiques provient de ses éléments variés de représentation (arcs, nœuds causalités, etc.), ce qui leur donne une facilité dans la compréhension d'une problématique traitée. En effet, ce point fort est exprimé par une multitude de formalismes de représentations. Plusieurs formalismes peuvent être proposés suivant le pouvoir expressif qu'ils représentent, comme c'est illustré sur la figure 2.1.

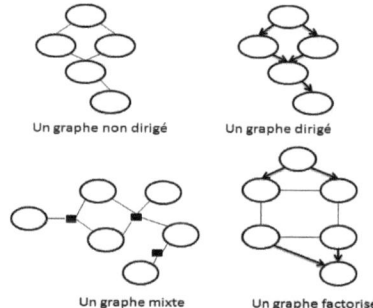

Figure 2.1. *Formalismes des modèles graphiques probabilistes*

La vision globale portant sur les modèles graphiques existants nous donne deux grandes classes:
- Les modèles dirigés : définis par les réseaux bayésiens avec une représentation asymétrique des dépendances relationnelles, généralement appelées dans les problèmes de diagnostic ;
- Les modèles non dirigés : représentés essentiellement par les champs de Markov (Rabiner, 1989) avec une modélisation symétrique des dépendances. Les champs de

Markov ont approuvé leur puissance dans la modélisation des dépendances spatiales telle que l'analyse des images.

Ces deux familles se diffèrent principalement dans la distribution des probabilités qui sont calculés par l'ensemble de factorisations possibles et les itérations sur les interactions d'arêtes lors de la propagation d'une information. Dans ce qui suit, nous allons étudier les réseaux bayésiens et leurs apports dans les problèmes de recherche d'informations.

2. Réseaux bayésiens et leur application dans les problèmes de recherche d'informations

2.1. Définition et propriétés

Les réseaux bayésiens (Pourret *et al.*, 2008), initiés par Pearl dans les années 80, sont des outils pratiques dans la représentation des connaissances incertaines et dans le raisonnement basé sur des informations incomplètes. Les réseaux bayésiens peuvent être appliqués dans de nombreux domaines comme la bioinformatique, la gestion des risques, le marketing, la sécurité informatique, le transport, etc. Le réseau bayésien est un graphe acyclique dirigé composé de nœuds interconnectés; chaque nœud représente une information bien définie (Nielsen *et al.*, 2007). La construction des réseaux bayésiens a été déclenchée par le besoin d'une technique d'évaluation des problèmes de diagnostic (Shwe *et al.*, 1991). Les réseaux bayésiens sont basés sur le théorème de Bayes (Shwe *et al.*, 1991). Ce théorème exprime la probabilité a posteriori entre les variables du réseau en mesurant la fréquence qu'un événement se produise étant donné qu'un autre événement connexe a déjà eu lieu. Le théorème de Bayes peut être dérivé simplement quand on met en valeur la symétrie de la règle de multiplication comme suit:

$$P(A|B) = \frac{p(B|A)p(A)}{p(B)} \qquad (2.1)$$

Avec :
- $p(A)$ est la probabilité a priori de A. $p(A)$ est « antérieure » dans le sens qu'elle précède toute information sur B,
- $P(A|B)$ est appelé la probabilité a posteriori de A sachant B, elle est « postérieure » dans le sens qu'elle dépend directement de B,

- $p(B|A)$, pour un B connu, est appelé la fonction de vraisemblance de A. De même, le terme $p(B)$ est appelé la probabilité marginale ou a priori de B.

La formule standard illustrée par un réseau bayésien est souvent décrite comme suit : Étant donné un ensemble de variables X, la distribution conjointe $P(X_1,\ldots,X_n)$ est donnée par :

$$P(X_1,\ldots,X_n) = \prod_{i=1}^{n} P(X_i|parents(X_i)) \tag{2.2}$$

2.2. Construction d'un réseau bayésien : structure et paramètres

La construction d'un réseau bayésien se révèle une tâche complexe qui requiert la participation d'un expert dans le domaine traité ainsi que l'appel à des connaissances supplémentaires provenant de plusieurs sources de connaissances variées (Pourret *et al.*, 2008). Ces connaissances peuvent parvenir de sources variées telles que les manuels techniques, les procédures d'essai et les bases de données. La construction d'un modèle bayésien nécessite deux phases : une phase de modélisation et une phase de distribution des valeurs numériques. Un réseau bayésien est un graphe dans lequel les nœuds représentent des variables aléatoires, et les arcs reliant ces derniers sont rattachés à des probabilités conditionnelles. Ainsi, deux composantes définissent un réseau bayésien comme suit :

- Un graphe causal orienté acyclique : c'est la représentation qualitative de la connaissance. S'il y a un arc du nœud X vers le nœud Y, c'est que la variable X a une influence directe sur la variable Y (X cause Y).
- Un ensemble de distributions locales de probabilités : c'est la représentation quantitative de la connaissance (paramètres du réseau). Une table de probabilités conditionnelles (TPC) est associée à chaque nœud pour quantifier les effets des parents.

La figure 2.2 illustre un exemple simple et populaire des réseaux bayésiens, il s'agit de l'exemple relatif à 'la détection de l'humidité de l'herbe'.

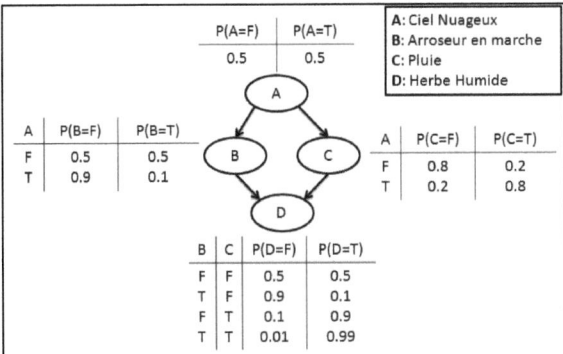

Figure 2.2. *Un exemple de la construction d'un réseau bayésien* **(Pourret *et al.*, 2008)**

Dans cet exemple, 4 nœuds sont proposés dont chacun représente une variable (A : Nuageux, B : Arroseur, C : Pluie et R : Herbe Humide). Chaque nœud dispose d'une table de probabilités sachant ses parents, comme c'est indiqué dans la formule 2.2.

2.2.1. Initialisation des paramètres dans un réseau bayésien

L'initialisation des paramètres dans un réseau bayésien peut être assurée selon deux méthodes : Par une élicitation des tables de probabilités conditionnelles ou bien par l'application d'un algorithme d'apprentissage. Premièrement, l'élicitation est effectuée par les experts du domaine qui sont interrogés pour obtenir des paramètres de probabilité. Les distributions de probabilité doivent correspondre à la réalité du domaine traité. Deuxièmement, l'apprentissage des paramètres dans un réseau bayésien consiste à calculer la probabilité de chaque hypothèse, déduite à partir d'une base de données, et faire des prédictions sur la base de ces hypothèses (Lichtenstein *et al.*, 1982). Après un exercice d'apprentissage des paramètres, les tables de probabilités conditionnelles pourraient être construites à partir de données empiriques (Nielsen *et al.*, 2007). Nous allons détailler les deux méthodes d'initialisation des paramètres dans ce qui suit.

2.2.1.1. Élicitation des paramètres

L'élicitation des paramètres numériques est une tâche difficile dans le processus de construction d'un modèle probabiliste. Cette difficulté s'accroît avec les modèles nécessitant un grand nombre de paramètres. En effet, la meilleure procédure en termes d'élicitation de paramètres est basée sur des entretiens directs, avec un expert du domaine, menés par un analyste qualifié (Armstrong, 1984). Cependant, les croyances concernant une information donnée varient d'un expert à un autre. Les connaissances du domaine, collectées lors d'un entretien, servent à construire la structure du réseau ainsi que l'initialisation des tables de probabilités de l'ensemble des nœuds du modèle. Cependant, le processus d'élicitation suscite un ensemble de biais cognitifs principalement causés par la psychologie d'un expert. Ce biais influe sur la qualité et la crédibilité des croyances délivrées (Armstrong, 1984). Pour minimiser ce taux d'erreurs possibles, l'analyste procède à proposer des hypothèses et des relations conditionnelles qui permettent de réduire le nombre de paramètres. A titre d'illustration, les modèles NOISY-OR et NOISY-MAX sont appropriés dans ce type de paramétrage (Henrion *et al.*, 1991).

De ce fait, plusieurs outils graphiques ont été proposés pour assister les analystes à générer facilement la distribution des probabilités à partir des évaluations subjectives des experts, ce sont les outils d'élicitation graphique (Wang *et al.*, 2000). Ces outils sont modélisés essentiellement sur les principes de l'interaction Homme –machine. Dans ce cadre, nous mentionnons l'outil 'Probability Wheel' (Merkhofer, 1987), considéré comme l'outil le plus ancien et le plus populaire pour l'élicitation des probabilités. Plusieurs autres outils commercialisés sont énumérés dans la littérature tels que BayesiaLab (Wang *et al.*, 2000), Netica (Ni *et al.*, 2011), ACERA (Speirs-Bridge *et al.*, 2010), etc.

2.2.1.2. Apprentissage dans un réseau bayésien

L'apprentissage des réseaux bayésiens consiste à calculer la probabilité de chaque hypothèse, compte tenu des données. Ensuite, des prédictions sont établies à la base de ces hypothèses. Ces prédictions sont faites en utilisant toutes les hypothèses, pondérées par leurs probabilités, plutôt qu'en utilisant juste une seule "meilleure" hypothèse. De cette façon, l'apprentissage est réduit à l'inférence probabiliste (Henrion, 1989). Une procédure d'apprentissage peut se faire sur la structure et les paramètres du réseau bayésien (Cowell *et al.*, 2007).

- **Apprentissage de la structure**

Ordinairement, la structure d'un réseau bayésien est fixée par un expert. Néanmoins, la complexité de quelques domaines d'applications mène à une détermination de la structure à partir de données. Cette tâche n'est pas facile et elle est classée comme une problématique

NP-difficile. L'idée globale de l'apprentissage d'une structure part d'une notion qui consiste à identifier les paires de nœuds du réseau en question qui sont directement dépendantes (Ammar et al., 2011). Cette identification se fait comme suit :
- X et Y sont dépendants, avec $P(X,Y) \neq P(X)P(Y)$,
- Il n'existe pas des ensembles de nœuds tel que X et Y qui sont indépendants conditionnellement : $Z(P(X,Y|Z) \neq P(X|Z)P(Y|Z))$ (Ammar et al., 2011).

Les méthodes d'apprentissage de la structure décrites dans la littérature sont classées selon deux familles. D'une part, des méthodes typiques avec un domaine complètement observé et d'autre part des méthodes qui prennent en compte le cas de variables observées manquantes. De la première famille, nous pouvons citer l'algorithme PC qui est décrit dans (Spirtes et al., 2001). Cet algorithme utilise un test statistique pour estimer l'indépendance conditionnelle entre deux variables et, par la suite, la construction de la structure du graphe. L'algorithme K2 (Heckerman et al., 1995) de son côté procède à l'ajout des parents selon un ordre fixé. Egalement, nous citons la méthode dérivée de la recherche de l'arbre de recouvrement du poids maximal (MWST : maximum weight spanning tree) proposée par Chow et Liu dans (Chow et al., 1968). Cette méthode associe un poids à chaque arête potentielle de l'arbre. Dans la deuxième famille, nous citons l'algorithme SEM qui se base sur le principe de l'algorithme Expectation Maximisation, étant introduit dans (Friedman, 1998). Cet algorithme traite les bases de données d'exemples incomplètes.

- **Apprentissage des paramètres**

L'apprentissage des paramètres est appliqué sur les réseaux bayésiens tout en supposant que la structure du réseau est connue (Hastie et al., 2009). Les notions de modification sont appliquées sur les paramètres en se référant sur le théorème de factorisation. L'apprentissage est généralement vu comme la déduction d'une probabilité d'un évènement par sa fréquence d'apparition dans le réseau, il est défini comme suit :

$$\hat{p}(X_i = x_k | Pa(X_i) = x_j) = \frac{N_{i,j,k}}{\sum_k N_{i,j,k}} \qquad (2.3)$$

Où $N_{i,j,k}$ est le nombre d'occurrences de $\{X_i = x_k \text{ et } Pa(X_i) = x_j\}$.

A ce niveau, nous avons besoin d'appliquer une loi de probabilité a priori, qui est généralement une distribution de vraisemblance.

Deux familles de méthodes d'apprentissage sont décrites dans la littérature suivant le niveau de disponibilité des données du domaine de connaissances (Meganck *et al.*, 2006). D'un côté, dans le cas où les données a priori d'un domaine peuvent être complètes, on fait appel aux méthodes bayésiennes telles que le maximum a posteriori (MAP) ou l'espérance a posteriori (EAP) (Gelman *et al.*, 2003). D'autre côté, si les données des domaines sont incomplètes de telle sorte que certains exemples ne peuvent pas ainsi être observés dans la base des cas, un apprentissage qui repose sur l'algorithme EM (the Expectation Maximisation algorithm) (McLachlan *et al.*, 2008) est alors recommandé.

L'apprentissage des paramètres est, donc, un ensemble de calculs dans le but de chercher un jeu de paramètres qui prend en compte la meilleure façon possible de la distribution de la base d'exemples que nous disposons. Cette recherche propose que la structure du réseau soit la plus adaptée.

2.2.2. Inférence bayésienne : Principes et Algorithmes

L'inférence bayésienne est une technique utile dans les problèmes d'induction, car elle se base sur des cas particuliers et n'ayant de validité qu'en terme probabiliste (Pourret *et al.*, 2008). Un réseau bayésien permet de représenter un ensemble de variables aléatoires pour lesquelles on connaît un certain nombre de relations de dépendances. À partir de cet état initial, des informations supplémentaires sur une ou plusieurs variables peuvent être injectées dans le réseau. Une mise à jour de la distribution des paramètres est effectuée suite à cette injection, on parle alors d'une inférence basée sur la règle de Bayes. L'inférence peut être vue comme étant une action de mise en valeur des connaissances d'un réseau bayésien déjà construit à partir des observations partielles et bruitées. Dans le cas d'un diagnostic médical, les probabilités de chacune des maladies possibles sont estimées étant donnés les symptômes observés chez le patient. Subséquemment, une inférence est le calcul de la probabilité a posteriori d'un réseau suite à une propagation de nouvelles évidences et il est défini par $P(U|\varepsilon)$ (Pearl, 2000).

Supposons que nous disposions d'un réseau bayésien défini par un graphe et par la distribution de probabilité associée (G, P). Le graphe est constitué de n nœuds, notés $X = \{X_1, X_2, \ldots, X_n\}$. Ainsi, Le problème général de l'inférence consiste à calculer $P(X_i|Y)$, où Y inclut X, $X_i \not\subset Y$. Or, pour induire sur un réseau bayésien, il faut:

- Trouver les probabilités conditionnelles de chaque variable aléatoire avec lesquelles elles sont directement dépendantes,
- Puis, partir des faits produits auxquels on appliquera une probabilité de 1 ou 0 sur le réseau bayésien suivant qu'ils identifient une variable à vrai ou faux dans celui-ci,
- Et enfin, par le biais de calcul respectant la règle d'addition ou de multiplication précédemment décrite, on modifie les probabilités causales ou conséquentes.

Après l'exécution de ces tâches, une nouvelle probabilité est obtenue et elle est supposée être l'induction du réseau bayésien. En parcourant la littérature traitant les réseaux bayésiens, nous distinguons deux familles d'approches : les approches d'inférence exactes et les approches d'inférence approximatives.

2.2.2.1. *Algorithmes d'inférence exacts*

Un algorithme d'inférence est classé exact car il effectue un calcul portant sur les probabilités a posteriori tout en se référant aux principes du théorème de Bayes. Le calcul s'effectue par le biais de deux sommes et des combinaisons des valeurs, sans aucune erreur, sauf celle de l'arrondissement dans ce calcul. L'équation ci-dessous résume le principe d'un algorithme exact d'inférence :

$$P(X|E) = \alpha \sum_{y} P(X, e, Y) \qquad (2.4)$$

Où X est une évidence injectée dans le réseau, E représente l'ensemble des variables des évidences, e est l'ensemble des valeurs possibles trouvées dans E et finalement Y décrit l'ensemble de variables non observées (nommées aussi variables cachées). α est une constante de normalisation pour garantir que la somme de la distribution résultante soit égale à 1. Cette équation est dérivée du théorème de Bayes (Gelman *et al.*, 2003) et son objectif est de trouver les probabilités a posteriori d'une variable de consultation (nommée aussi une évidence).

Dans ce travail, nous proposons d'étudier deux algorithmes d'inférence classés exacts : L'arbre de jonction (Jensen, 1988) et l'algorithme de Pearl (Pearl, 1988).

2.2.2.2. *Algorithmes d'inférence approximatifs*

Les algorithmes classés comme étant approximatifs utilisent des techniques de simulation distinctes afin d'obtenir des résultats approximatifs de probabilités (Castillo *et al.*, 1996). Habituellement, la technique appelée dans ces algorithmes est une procédure stochastique. L'aspect approximatif apparaît dans ce type d'algorithme lorsqu'on choisit 'au hasard' un ensemble d'échantillons à partir des probabilités conditionnelles du réseau (Ng *et al.*, 1999). Les variables entrant en jeu dans ce choix sont les variables de 'consultation' qui s'unissent par la fréquence de leurs apparitions dans cet échantillon. Contrairement aux méthodes exactes, ces calculs sont établis sous prétexte que la structure de graphe n'est pas pertinente. La précision d'un algorithme approximatif dépend étroitement de la taille des échantillons et du nombre des simulations que génèrent ces derniers (Nielsen *et al.*, 2007). Les algorithmes qui adoptent ce raisonnement sont variés, tels que les chaînes de Monte Carlo (Chow *et al.*, 1968), les dérivés des algorithmes d'échantillonnage tels que l'échantillonnage de Gibbs (Gilks *et al.*, 1994) et les algorithmes variationnels (Jordan *et al.*, 1999). Aussi, L'algorithme LBP (Loopy Belief Propagation) (Murphy, 2001) applique les principes de l'algorithme de Pearl dans un contexte approximatif et ceci par la propagation d'informations en boucle dans des réseaux multi – connectés.

2.3. Réseaux bayésiens dans les problèmes de la recherche d'informations

2.3.1. Traitement de l'incertitude dans le domaine médical

La prise de la décision dans le domaine médical est souvent ambigüe et elle comprend des facteurs d'incertitude qui compliquent cette tâche. En effet, pour décrire une maladie, les médecins utilisent généralement des termes tels que 'probable', 'hautement probable', 'le moins probable', etc (Owens *et al.*, 1990). Ces termes définissent les croyances d'un médecin, leurs significations peuvent varier radicalement d'un médecin à un autre. La caractéristique dominante de tels systèmes est l'aspect probabiliste des résultats retournés puisque le cadre de connaissances est déduit de l'ensemble des règles utilisées dans un processus du diagnostic médical. L'incertitude et le manque de données du diagnostic sont les principaux facteurs qui comblent la précision des systèmes de recherche des cas similaires dans le domaine médical. Cependant, les réseaux bayésiens sont actuellement considérés comme étant l'approche la plus dominante dans la gestion des probabilités. Par là, les réseaux bayésiens ont été remarquablement exploités dans les problèmes de la recherche d'informations dans la dernière décennie.

2.3.2. Modélisation graphique des problèmes de recherche d'information

Le rôle d'un modèle graphique dans un problème de recherche d'informations consiste essentiellement à définir une représentation qui combine l'ensemble des évidences d'un cas requête afin de récupérer les cas classés pertinents (Bessai Mechmache *et al.*, 2007). La topologie d'un réseau bayésien, avec ses deux composantes qualitative et quantitative, est bien adéquate à restituer convenablement ce problème (Wainwright *et Jordan*, 2008). En effet, les cas sont représentés efficacement par les éléments de la composante qualificative (arcs, nœuds, dépendance, indépendance, etc.) tandis que la composante quantitative permet d'assurer l'évaluation de la pertinence d'un cas retourné par le calcul des probabilités.

Pour bien représenter un cas, le réseau bayésien est généralement proposé sous forme de plusieurs couches (Brini *et al.*, 2005). Le modèle simplifié est réduit à deux couches où la première couche est la couche d'entrée qui regroupe l'ensemble de descripteurs tandis que la deuxième couche sert à définir l'évaluation du document testé. Ainsi, des couches intermédiaires peuvent exister selon la complexité du domaine à représenter. La quantification de la pertinence d'un document fait appel aux principes de l'inférence bayésienne. Parmi une variété de contributions se basant sur les modèles graphiques probabilistes, nous citons les deux modèles les plus répandus dans la littérature : Le modèle inférentiel (Turtle *et al.*, 1990) et le modèle de croyance (Ribeiro *et al.*, 1996). Ces deux modèles sont proposés dans un contexte de recherche des documents. Le modèle inférentiel a été initié par Turtle (Turtle *et al.*, 1990) et a été appliqué dans une application de recherche des documents. L'idée principale de ce modèle consiste à rapprocher la représentation d'un document, considéré comme une source d'informations du contenu, avec la représentation d'une requête, considérée comme une source d'informations proposé par l'utilisateur. Le modèle de croyance se base sur les principes des réseaux de croyance. Le calcul de la pertinence dans ce modèle est considéré « plus efficace » puisqu'il est assuré par un espace d'échantillonnage qui sépare les portions des documents et les portions des requêtes. Le modèle de croyance est une généralisation de l'ensemble des modèles classiques ainsi que le modèle inférentiel.

Outre ces deux modèles, plusieurs extensions ont été proposées qui varient selon la typologie du domaine de connaissances. A titre d'illustration, nous citons les réseaux multi-connectés décrits dans (Campos *et al.*, 2003) et les réseaux de croyance basés sur les expressions d'indexation proposés dans (Bruza *et al.*, 1992). Également, Indrawan propose dans (Indrawan *et al.*, 1994) un modèle qui inclut la phase de la représentation des documents dans le réseau.

Dans ce qui suit, nous allons énumérer quelques systèmes de recherche dans le domaine médical qui font référence aux modèles graphiques probabilistes. L'incertitude et le manque de données du diagnostic sont les principaux facteurs qui comblent la précision de ces systèmes dans le domaine médical. La structure commune de ces systèmes consiste à modéliser les maladies par les causes et les symptômes par les effets (Ribeiro *et al.*, 1996). A titre d'exemple, nous mentionnons le système CBIR bayésien PicHunter (Cox *et al.*, 2000), proposé par Cox et al. Dans un autre contexte, Lio et al. ont proposé un système pour la compréhension sémantique des images médicales dans (Luo *et al.*, 2005). L'apport de ce travail consiste à intégrer un niveau sémantique dans la compréhension des images (le bas niveau) en utilisant les réseaux bayésiens. Aussi, Quellec propose un CBIR des images rétines basé sur une fusion des réseaux bayésiens avec d'autres modalités qui est décrit dans (Quellec *et al.*, 2008). Davantage, le modèle Indrawan a été repris par Wilson pour proposer un modèle bayésien de recherche d'images basé sur les histogrammes (Simon P. Wilson, 2005). Parallèlement, un système d'aide au diagnostic des maladies cardiaques congénitales se basant sur les réseaux bayésiens a été décrit dans (Ghosh *et al.*, 2000). Un système de recherche de cas contenant des cancers du sein est proposé dans (Burnside *et al.*, 2006).

Généralement, les réseaux bayésiens sont fusionnés avec d'autres techniques afin de produire une plateforme de recherche d'informations complète avec des performances satisfaisantes. Les approches de recherche à base de classification ont connu un intérêt important dans des contributions variées de la littérature.

2.3.1. Classification par les réseaux bayésiens

L'objectif d'une classification est de répertorier une instance dans une classe sur la base de plusieurs attributs (Liu *et al.*, 1998). Les approches de classification sont multiples et elles sont classées comme supervisées ou bien non supervisées. Parmi ces approches, il existe une catégorie qui se fonde sur la construction d'une fonction à partir d'un vecteur joint des valeurs d'attributs constituant les libellés de classes. Cette catégorie inclut ; par exemple ; les réseaux de neurones, les arbres de décision, les réseaux bayésiens, etc. L'approche suivie dans un classifieur bayésien consiste à estimer la distribution jointe des probabilités d'une classe donnée ainsi que ses attributs à partir des variables aléatoires (Yang *et al.*, 2002). Pour une classe donnée C, l'estimation est représentée par $Pr(C, A_1, .., A_k)$, avec C est l'ensemble des variables aléatoires décrivant une classe et $A_1, .., A_k$ représente l'ensemble de variables aléatoires définissant l'ensemble d'attributs de la classe courante. Cette estimation nécessite un exercice d'apprentissage avec un nombre considérable de cas d'apprentissage pour la perfection des probabilités estimées.

Après cette procédure d'estimation, il est possible de classifier une nouvelle instance par l'examen des probabilités jointes de C lors de l'injection des attributs de l'instance testée. Ainsi, la classe la plus probable est retournée comme résultat de cette procédure. Après la décomposition des probabilités par la règle de chainage et l'estimation de Pr(C), le théorème de Bayes permet de donner la probabilité conditionnelle d'appartenance à la classe comme suit :

$$\Pr(C, A_1, .., A_k) = \alpha \Pr(C) \Pr(C, A_1, .., A_k) \tag{2.5}$$

Avec α, une constante de pondération qui assure que la somme des probabilités des classes possibles soit égale à 1.

La classification bayésienne se caractérise par un ensemble de propriétés qui la distingue par rapport aux autres approches de classification. Premièrement, le principe de classification décrit ci-dessus n'est approprié qu'en présence d'un nombre important de données d'apprentissage ou de connaissances a priori fiables. Dans le cas échéant, la crédibilité du classifieur est contestable. Deuxièmement, l'utilisation de la classification bayésienne peut être couplée avec les fonctions de perte asymétrique afin de réduire l'incertitude repérée dans les problèmes de classification. Troisièmement, la classification bayésienne profite du point fort des modèles graphiques probabilistes à savoir la bonne gestion de l'incertitude (notion expliquée dans la section 1.1). En effet, dans un contexte de classification, les données sont généralement manquantes. Cet aspect est traité en appliquant la théorie probabiliste, ceci en remplaçant la valeur manquante d'un attribut par la moyenne sur les valeurs possibles que cet attribut peut prendre. Finalement, les connaissances a priori sont utilisées dans le contexte bayésien afin de combiner des connaissances provenant de sources multiples. Il existe une modélisation spécifique de classifieurs bayésiens, qui sont les classifieurs bayésiens naïfs (Zhang, 2004). C'est une modélisation avec une forte indépendance où le test de l'existence d'une caractéristique pour une classe se fait indépendamment de l'existence des autres caractéristiques.

Dans un cadre de classification, la matrice de confusion s'avère l'outil le plus approprié permettant d'évaluer un modèle donné. La matrice de confusion consiste en un tableau de contingence permettant de positionner les valeurs bien classées sur la diagonale et les valeurs mal classées hors de diagonale. Une matrice de confusion (Provost *et al.*, 1998) contient des informations sur les classifications réelles et prévues effectuées par un modèle de classification. La performance des tels modèles est généralement évaluée en utilisant les données de la matrice de confusion. Le tableau 2.1 présente un exemple d'une matrice de confusion :

Tableau 2.1. *Matrice de contingence des résultats du processus de classification*

	Classe Positive	Classe Négative
Classé Positif	Vrai Positifs (VP)	Faux positifs (FP)
Classé Négatif	Faux négatives (FN)	Vrai négatifs (VN)

Plusieurs indices d'évaluation de la performance d'une classification sont déduits à partir de cette matrice de confusion. Nous avons choisi d'utiliser les trois indices les plus fréquents dans l'évaluation des modèles de classification, à savoir la précision, le rappel et le F-mesure.

La précision (P) est une mesure qui permet de donner une information sur la capacité d'un modèle de classification à refuser les solutions non pertinentes, elle est donnée comme suit:

$$Précision = \frac{Vrai\ Positives}{Vrai\ Positives + Faux\ Positives} \qquad (2.6)$$

La mesure de rappel (R) retourne la proportion des solutions pertinentes retournées, elle est donnée comme suit :

$$Rappel = \frac{Vrai\ Positives}{Vrai\ Positives + Faux\ Négatives} \qquad (2.7)$$

La F-mesure (F) définit un compromis entre la précision et du rappel illustrant la performance du système, qui est définie comme suit :

$$F - mesure = \frac{2 * Rappel * Précision}{Rappel + Précision} \qquad (2.8)$$

Nous présentons dans ce qui suit le modèle de représentation et de classification basé sur les réseaux bayésiens qui sera introduit dans l'approche de recherche des cas médicaux courante.

3. Modélisation des réseaux bayésiens pour la représentation et la classification des tumeurs cérébrales

3.1. Présentation de l'idée globale

L'approche suivie dans ce travail consiste à modéliser des réseaux bayésiens qui serviront à la représentation du cadre d'études. Cette approche se situe dans la catégorie de représentation des connaissances basée sur les réseaux, citée dans la troisième section du premier chapitre. La construction de ce modèle requiert deux phases : la définition de la structure et le calcul des probabilités de l'ensemble des nœuds du réseau. Ce travail est mené en étroite collaboration avec les radiologues afin d'imiter l'ensemble de règles utilisées dans le processus d'interprétation dans le modèle à concevoir. La distribution des nœuds a été décidée après une étude approfondie du raisonnement d'un radiologue. Les recommandations des experts intervenant dans ce travail nous ont incité à modéliser un réseau multicouche pour une représentation adéquate de l'ensemble des relations entre les descripteurs. En effet, cette construction est répétée sur l'ensemble des tumeurs inclus dans le domaine d'étude du travail actuel, ce sont les classes de tumeurs. Les modèles proposés vont être utilisés dans une procédure de classification des tumeurs cérébrales, nous parlons ici des classifieurs bayésiens. Ce sont des classifieurs simples qui se basent sur l'estimation de la densité calculée avec les règles de l'inférence bayésienne. La règle de décision de Bayes consiste à prendre en considération l'ensemble des probabilités a priori décrivant la fréquence des valeurs descripteurs dans les classes tumeurs afin de calculer la valeur de la probabilité a posteriori de l'affectation à une classe donnée (Gelman *et al.*, 2003). Cette démarche minimise le risque d'erreur d'une classification en estimant la classe la plus 'probable'. D'ailleurs, les données récupérées dans la phase de classification seront utilisées, ultérieurement, dans l'approche de mesure de similarité et de décision; qui sera décrite dans la section suivante. La figure 2.3 définit les étapes de cette procédure qui commence par l'injection d'une requête et qui se termine par l'affichage des résultats de classification.

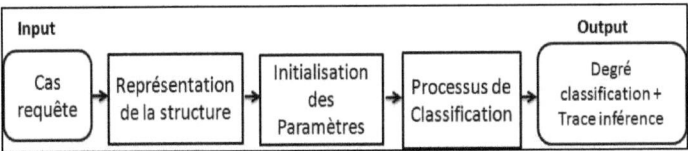

Figure 2.3. *Processus de représentation et de classification*

Les deux paragraphes suivants détaillent, en premier lieu, le processus de la représentation du cadre d'information et, en deuxième lieu, le processus de la classification bayésienne.

3.2. Réseau bayésien pour la représentation des tumeurs cérébrales

Le volet de la représentation des cas a été richement discuté dans l'axe de la recherche d'information, diverses approches ont été proposées. Toute approche dépend de la spécificité de l'information traitée et de la structure la plus appropriée pour la modélisation du domaine (Simon et al., 2005). L'idée est de développer des réseaux bayésiens de représentation qui visent à tester le degré d'appartenance d'un cas requête à une tumeur donnée. Nous proposons de consacrer un réseau bayésien pour chaque type de tumeur. La modélisation de tels réseaux nécessite deux phases : la construction de la structure et l'initialisation des paramètres. La structure du réseau bayésien est construite en coopération avec des experts médicaux. Pour ce faire, les experts ont retracé le processus d'interprétation d'un cas cérébral dans la structure du réseau conçu. Le réseau construit décrit la répartition de la causalité des attributs inclus dans un processus de diagnostic. Chaque attribut est schématisé par un nœud. Chaque nœud peut prendre une valeur de l'attribut parmi les états possibles. La relation de causalité entre les deux attributs est représentée par un arc entre deux nœuds. En effet, la distribution des nœuds dans ce graphe est supposée la plus adaptée à la lecture pour un cas médical cérébral (Yazid et al., 2010).

Nous choisissons de modéliser un réseau multicouche qui est une solution adéquate pour la bonne représentation des domaines d'études complexes. La modélisation multicouche facilite les relations qui peuvent exister entre les caractéristiques. Ainsi, le réseau proposé est composé de trois niveaux. Premièrement, un niveau appelé «couche observée" représentant des variables correspondants aux caractéristiques utilisées dans le processus d'interprétation. Deuxièmement, une deuxième couche appelée "la couche intermédiaire". Celle-ci joue le rôle des nœuds donnant une idée sur l'état dans un sous-ensemble de caractéristiques. L'état peut être favorable ou défavorable. Troisièmement, une dernière couche qui est construite à partir d'un nœud unique traitant une interrogation qui répond à la question suivante : «Est ce que le cas actuel appartient à la tumeur C et avec quel degré?". Nous présentons dans la figure 2.4 la structure du réseau bayésien pour la représentation et la classification des tumeurs cérébrales.

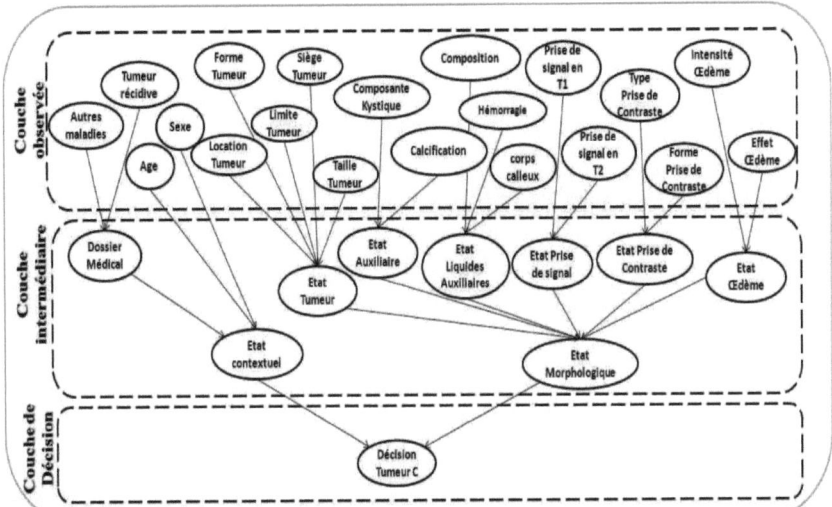

Figure 2.4. *Structure du réseau bayésien pour la classification des tumeurs cérébrales*

Nous illustrons dans cette figure l'apport de la modélisation multicouche du réseau conçu. A titre d'exemple, le nœud 'Taille tumeur' se situant dans la couche observée est relié à un nœud intermédiaire 'Etat tumeur'. Ce nœud intermédiaire rassemble les caractéristiques des nœuds "Limites de la tumeur», «taille tumorale», «Nombre de tumeurs ", "siège de la tumeur» et "localisation de la tumeur" qui est lui aussi relié au nœud intermédiaire 'Etat Morphologique'. La décision finale est dépendante des informations reçues des nœuds appartenant à la couche intermédiaire. C'est une décision globale déduite d'un ensemble de décisions locales.

Deuxièmement, l'initialisation des nœuds du réseau bayésien peut être assurée selon les deux méthodes décrites dans la section 2.2, à savoir l'initialisation par élicitation d'experts et l'initialisation par apprentissage des paramètres (Armstrong, 1984). La première méthode est basée sur l'élicitation des nœuds représentant les descripteurs via l'expertise des radiologues qui collaborent dans ce travail. La seconde méthode permet une initialisation des paramètres par l'application d'un algorithme d'apprentissage. Une variété d'algorithmes d'apprentissage des paramètres est définie dans la littérature et a été citée dans la section 2.2. Le processus d'apprentissage utilise les connaissances extraites des cas collectés et stockés dans la base de données (voir section 5.2 du premier chapitre). Dans les deux méthodes, l'initialisation des nœuds varie d'une tumeur à l'autre. Conséquemment, nous comptons une distribution des tables de probabilités conditionnelles pour chaque tumeur concernée.

3.3. Classification bayésienne des tumeurs cérébrales

Dans ce travail, la démarche de la classification bayésienne est appliquée dans le contexte des tumeurs cérébrales. Le processus d'inférence classique consiste en une propagation d'une ou plusieurs évidences dans le réseau pour déduire les croyances des nœuds modifiées. Dans le contexte courant, l'objectif de l'inférence est de classifier un cas médical dans une classe tumeur. Un cas est représenté par un vecteur de valeurs de l'ensemble de descripteurs utilisés par un radiologue dans l'interprétation d'un examen IRM cérébral. Les valeurs des descripteurs sont définies dans un glossaire symbolique comme c'est expliqué dans la section 5.2 du premier chapitre. Ainsi, le cas est testé sur les réseaux bayésiens représentant l'ensemble des tumeurs incluses dans le cadre d'étude. A la fin de cette procédure, et pour chaque réseau, nous récupérons une probabilité d'appartenance pour chaque classe tumeur ainsi qu'une trace de propagation d'information dans les nœuds du réseau suite à l'inférence bayésienne. La démarche de classification est illustrée dans la figure 2.5.

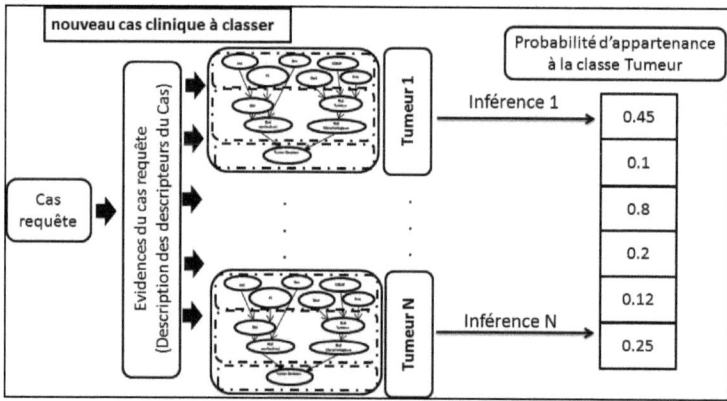

Figure 2.5. *Démarche de la classification bayésienne*

La procédure de recherche des cas cérébraux se réfère principalement à ces informations récupérées. La formulation des contributions des mesures de similarité, décrites dans les sections suivantes, dépend de cette procédure de classification. En effet, les données récupérées sont utilisées pour calculer le degré de similarité entre un cas requête et les cas existants dans la base de données. Ceci est adopté du raisonnement réel d'un radiologue lors de l'interprétation d'un nouveau cas. Dans un cadre réel, quand un radiologue interprète un cas médical, il construit sa conclusion suite à une approche de raisonnement bien structurée. Il parcourt toutes les données du diagnostic pour guider l'interprétation à la décision la plus probable.

Dans les deux sections suivantes, nous allons présenter les approches de recherche des cas médicaux cérébraux qui se situent dans un cadre probabiliste. Tout d'abord, nous commençons par la description de la mesure de similarité qui se base sur les données récupérées de l'inférence bayésienne. La démarche suivie dans cette contribution prend en considération l'ensemble de règles d'une interprétation médicale dans un contexte réel.

4. Proposition d'une mesure de similarité basée sur la correspondance graphique des signatures issues d'une inférence bayésienne

4.1. Description du principe de la mesure de similarité

Dans cette section, nous proposons une mesure de similarité basée sur la comparaison des signatures formulées à partir des classifieurs bayésiens. Cette mesure de similarité vise à déterminer le degré de correspondance entre un cas requête et l'ensemble des cas stockés dans la base de données dans un processus de recherche. L'idée principale est accentuée dans la formulation d'une signature basée sur les nœuds composant les graphes comparés. Les cas seront, ainsi, comparés sur la base de leurs signatures. Cela nous permet d'avoir un ensemble de descriptions locales des différentes composantes du graphe (les classifieurs bayésiens dans notre contexte) (Yazid et al., 2011b) et (Yazid et al., 2014). Cette approche explore quelques propriétés de la similarité entre deux graphes. Plusieurs études dans la littérature suivent ce raisonnement pour quantifier la similarité entre deux graphes tels que (Jouili et al., 2009), (Raveaux et al., 2010) et (Torresani et al., 2008). Ainsi, la démarche de la formulation d'une signature se réfère principalement à la propagation d'information entre les nœuds du graphe lors d'une inférence. Dans la phase de classification, nous avons sélectionné d'utiliser l'algorithme d'inférence 'Pearl' (Pearl, 1988) qui applique le principe de la propagation des évidences entre les nœuds du réseau par des messages. Le principe de l'algorithme 'Pearl' est adapté pour concrétiser l'idée fondamentale de la mesure de similarité courante.

L'algorithme de Pearl (Pearl, 1988) est semblable à l'algorithme classique de transmission des informations 'forward-backward'. Cet algorithme peut être décrit en utilisant l'exemple d'une ligne de soldats. La propagation des connaissances par évidences pour un nœud X est réalisée dans deux sens : vers le bas du réseau (du parent à l'enfant) et vers le haut de réseau (de l'enfant au parent). Les flux de ces connaissances sont transmis via des messages entre ces nœuds. La figure 2.6 illustre un exemple de la transmission des informations entre les nœuds d'un réseau. Dans ce réseau, nous considérons un nœud X ayant un ensemble de parents $\{P_1, \ldots, P_m\}$ et un ensemble d'enfants $\{C_1, \ldots, C_k\}$.

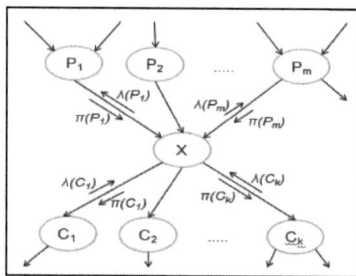

Figure 2.6. *Propagation des évidences dans l'algorithme d'inférence 'Pearl'*

Nous notons E l'évidence du calcul local de X. E est composé de deux parties : Premièrement, une partie de l'évidence accessible depuis les parents de X, connue comme la partie des évidences des ancêtres d'un nœud, notée E^+. Ces évidences de causalité sont passées en bas par des messages notés π. Deuxièmement, une autre partie notée E^- qui est constituée par des évidences de diagnostic transmis en haut par des messages notés λ. Ainsi, les connaissances peuvent circuler dans les deux directions dans un réseau, du parent à l'enfant (en bas) ou bien de l'enfant au parent (en haut). Les évidences de X, étant donnés ses parents, sont définies par:

$$Bel(X) = P(X|e) = \alpha(\lambda(X)\pi(X)) \tag{2.9}$$

Où α est la constante de normalisation et $\lambda(X)$ désigne les messages envoyés, donnée par:

$$\lambda(X) = P(e^-|x) \tag{2.10}$$

$\lambda(X)$ est, davantage, formulée comme suit:

$$\lambda(X) = \prod_{i=1}^{k} \lambda_{C_i X_i}(x) \tag{2.11}$$

D'ailleurs, $\pi(X)$ indique les messages reçus des parents et qui est défini par:

$$\pi(X) = \sum_{\vec{p}} (x_i|\vec{p})\pi(\vec{p}) \qquad (2.12)$$

$\vec{p}$ est le vecteur des valeurs possibles pour $\{p_1,..,p_m\}$. Ainsi, l'écriture de $\pi(X)$ est formulée par:

$$\pi(X) = \sum_{p_1,..p_m} P(X_i|p_1,..,p_m) \prod_{j=1}^{m} \pi_{p_i X_i}(p_j) \qquad (2.13)$$

Une fois $Bel(x)$ a été mis à jour, X doit envoyer π et λ messages, respectivement, à ses enfants et à ses parents. Cette équation est répétée sur l'ensemble des nœuds constituant le graphe en question.

Dans ce travail, ces transmissions d'informations inter –nœuds sont utilisées pour l'évaluation de la similarité entre deux graphes. En fait, nous proposons un score à chaque nœud du graphe qui est la combinaison entre sa valeur appropriée après inférence ainsi que les divers messages reçus des parents et des enfants. Il s'agit, alors, d'une correspondance graphique basée sur la comparaison des signatures issues des nœuds.

4.2. Correspondance graphique: Définition et Propriétés

La correspondance graphique provient de la nécessité de nombreuses applications d'une mesure quantitative de la 'similitude' entre deux graphes. Un nombre important de travaux de recherche a été consacré au problème de l'isomorphisme des graphes et à ses généralisations (Zager *et al.,* 2008). En outre, l'émergence de très grands graphes a suscité un intérêt considérable dans l'ensemble des mesures statistiques de la structure du graphe avec la validation d'un nombre considérable d'approches de similarité entre graphes. Parmi ces approches, nous appliquons l'hypothèse où un élément (par exemple, un nœud ou une arête) dans un graphe G_A est considéré similaire à un élément dans un graphe G_B si leurs voisins sont similaires. Cette hypothèse a été initialement proposée dans (Lopresti *et al.,* 2003) pour quantifier une distance entre signatures de graphe « graph probing ». Cette idée conduit naturellement à des méthodes itératives pour le calcul des scores de similarité sur les éléments de ces graphiques. Les résultats de la similarité entre ces éléments se propagent tout au long des éléments voisins (Jouili *et al.,* 2009). Etant donnés deux graphes $G_A(V_A, E_A)$ et $G_B(V_B, E_B)$ composés successivement d'un ensemble de nœuds V_A et V_B et un ensemble d'arêtes orientées $E_A \subseteq V_A \times V_A$ et $E_B \subseteq V_B \times V_B$, l'objectif d'une correspondance graphique est de fournir une information sur le niveau de similarité entre ces deux graphes en mesurant les différences locales de chaque nœud de G_A avec son correspondant en G_B.

Dans ce travail, l'objectif est de mettre en évidence une correspondance graphique basée sur les comparaisons des signatures des nœuds issus des classifieurs bayésiens discutés dans la section précédente. Ainsi, la signature d'un nœud donné est formulée à partir du processus de propagation des messages dans une inférence bayésienne. Après cette procédure, chaque cas sera représenté par un ensemble de paramètres qui peuvent être considérés comme sa signature globale. L'étape de comparaison entre deux cas, afin de dégager leur degré de correspondance, est effectuée en fonction de leurs signatures globales.

4.3. Déroulement de l'algorithme de mesure de similarité

Afin de formuler le problème de la mesure de similarité, nous proposons deux graphes G_r et G_i représentant successivement un cas requête C_r et un cas G_i extrait de la base de données. Chaque graphe est défini par un ensemble D_j, $j= (1,...,N)$ de nœuds. Chaque nœud représente une caractéristique d'interprétation. Dans cet algorithme, nous comptons explorer les points suivants:

- Les graphes des deux cas (C_r et C_i), représentant une tumeur donnée, sont identiques au niveau de la distribution (nœud – arc),
- Nous disposons d'un ensemble des graphes $G_r = \{G^1,..,G^T\}$, chacun d'entre eux représente une tumeur $T = \{t_1,..,t_n\}$ à partir de la liste mentionnée ci-dessus,
- Dans le but d'obtenir un jeu de descriptions locales décrivant un graphe pondéré, on associe une signature à chaque nœud (un vecteur de probabilité). Les signatures des nœuds ont pour objectif de déterminer si deux graphes peuvent être similaires,
- L'apport principal de cet algorithme se préconise dans la prise en compte de la distribution globale des paramètres,
- Pour une comparaison nœud à nœud, le calcul tient à mesurer la distance entre les probabilités de ces deux nœuds en première étape puis une mesure de distance sur l'ensemble de nœuds - parents et les nœuds – fils (Comparaison Matrice – Matrice) en deuxième étape,
- Dans chaque itération, un calcul de distance matriciel est appliqué. A partir de ce score, la distance finale entre C_r et C_i est déduite.

Pour détailler ces idées, nous proposons un algorithme qui prend en évidence ces points. Ainsi, cet algorithme comprend quatre étapes. La démarche complète de la correspondance est illustrée sur la figure 2.7.

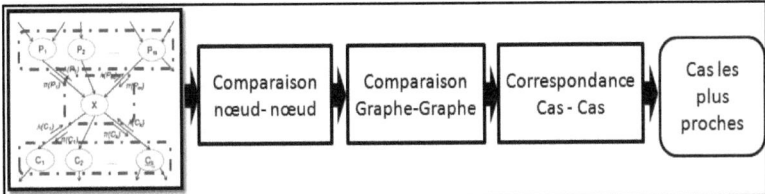

Figure 2.7. Déroulement de l'algorithme de la mesure de similarité

4.3.1. Construction de la signature d'un nœud

Pour les graphes pondérés, la signature est définie comme étant le degré du nœud ainsi que les poids de tous les arcs en relation. Etant donné un graphe $G = (X, E)$, la signature d'un nœud est formulée par :

$$W_{sign}(x) = \{d(x), \pi(x), \lambda(x)\} \quad (2.14)$$

Avec $x \in X$, $d(x)$ représente le degré de x, $\pi(x)$ est la somme des flux en provenance des parents et $\lambda(x)$ est la somme des flux en provenance de ses enfants.

Etant donné un nœud noté N, P représente la liste de ses parents, avec $P = \{p_1, \ldots, p_m\}, i = 1, \ldots, m$ tandis que C définit la liste de ses enfants avec $C = \{c_1, \ldots, c_n\}, j = 1, \ldots, n$. La notation $\pi(P_i)$ désigne un message envoyé d'un parent P_i au nœud N_i. $\lambda(C_j)$ définit le message reçu d'un enfant C_j au même nœud. Considérons ces données, nous comptons schématiser tous les messages transmis au nœud N_i. Premièrement, les messages reçus des parents sont donnés comme suit :

$$\pi(X) = \sum_{p_1 \ldots p_m} P(X_i | p_1, \ldots, p_m) \prod_{j=1}^{m} \pi_{p_i X_i}(p_j) \quad (2.15)$$

Ainsi, on a besoin de calculer :

$$\pi_{XY_j} = \alpha(\pi_X(x) \lambda_{Y_k X}(X)) \quad (2.16)$$

Deuxièmement, les messages envoyés par les nœuds enfants peuvent êtres formulés comme suit :

$$\lambda(N) = \prod_{j=1}^{n} \lambda_{P_j N_i}(x) \quad (2.17)$$

4.3.2. Comparaison nœud-nœud

Ces deux équations de propagation des messages constituerons la formule du calcul de similarité entre deux nœuds lors de la comparaison de deux graphes et ceci comme suit:

$$M(x_i, x_r) = M(w_{sign}(x_i), w_{sign}(x_r)) \tag{2.18}$$

Avec,

$$M(x_i, x_r) = \sum_{Pa} MatchParent(i,r) + \sum_{child} MatchChild(i,r) + Sim(N_i, N_r) \tag{2.19}$$

Où, $MatchParent$ et $MatchChild$ représentent successivement l'ensemble des correspondances des parents et des enfants des nœuds x_i et x_r. $Sim(N_i, N_r)$ représente le degré de similarité des valeurs de x_i et x_r après inférence.

Plus précisément, l'équation est écrite comme suit:

$$M(x_i, x_r) = \left(\prod_{i=1}^{n}\left(\lambda_{Y_i X_i}(x_r) - \lambda_{Y_i X_i}(x_i)\right)\right) + \left(\prod_{j=1}^{m}\left((\pi_{P_{x_i}}(x_r) - \pi_{P_{x_i}}(x_i))\right)\right) + (\Pr(x_i) - \Pr(x_r)) \tag{2..20}$$

Où, Pr définit la probabilité du nœud en question. Ces deux équations de propagation des messages constituerons la formule du calcul de similarité entre deux nœuds lors de la comparaison de deux graphes et ceci comme suit:

4.3.3. Comparaison graphe-graphe

La comparaison graphe-graphe est une généralisation de l'assignement nœud-nœud sur une paire de graphes. Nous définissons $\widehat{M}(G_i, G_r)$ comme la fonction finale du cout de correspondance qui est la somme de toutes les opérations de correspondance entre deux graphes. La formule de distance entre deux graphes G_i et G_r est donnée comme suit :

$$\widehat{M}(G_i, G_r) = \left(\sum_{x=1}^{X} M(w_{sign}(x_i), w_{sign}(x_r))\right) \tag{2.21}$$

$\widehat{M}$ est la taille de la fonction représentant le nombre des opérations de correspondance en comparant deux graphes en nombre des nœuds constituant le graphe prioritaire, représenté par X.

4.3.4. Calcul du score final de similarité

Après avoir parcouru tous les réseaux bayésiens pour la classification, la signature globale d'un cas donné est présentée dans une matrice de signatures locales. Nous considérons cette matrice comme la signature globale d'un cas requête et elle est donnée par :

$$Index_c = \begin{bmatrix} w_{11}^c & \cdots & w_{1T}^c \\ \vdots & \ddots & \vdots \\ w_{x1}^c & \cdots & w_{XT}^c \end{bmatrix} \quad (2.22)$$

Où w_{ij} représente la signature du $i^{ème}$ nœud du réseau représentant la tumeur j. L'étape de comparaison entre deux cas se traduit par un calcul de la distance entre les signatures des cas concernés C_i et C_r. La démarche sus-décrite est répétée sur l'ensemble des tumeurs constituant le cadre d'étude pour récupérer un score de similarité entre chaque cas de la base de données et le cas requête introduit. Ceci est formulé comme suit :

$$Score_{C_r, C_i} = \sum_{t=1}^{T} \widehat{M}(G_i^t, G_r^t) \quad (2.23)$$

Le problème peut être traduit en une correspondance d'une matrice de coût qui va être menée sur l'ensemble des signatures pour une paire de cas (un cas requête et un cas de test). Cette correspondance est définie comme suit :

$$\widehat{M}(Index_i, Index_r) = \begin{bmatrix} w_{11}^i & \cdots & w_{1T}^i \\ \vdots & \ddots & \vdots \\ w_{x1}^i & \cdots & w_{XT}^i \end{bmatrix} * \begin{bmatrix} w_{11}^r & \cdots & w_{1T}^r \\ \vdots & \ddots & \vdots \\ w_{x1}^r & \cdots & w_{XT}^r \end{bmatrix} \quad (2.24)$$

La conduite de ce processus de mesure est appliquée sur tous les cas de la base de données pour récupérer un vecteur des scores de similarité représentant chacun un cas retourné. Ensuite, ce vecteur sera classé par ordre croissant, les cas qui ont les scores les plus petits sont considérés comme les cas les plus similaires.

5. Proposition d'une mesure de similarité basée sur la correspondance des chemins de propagation d'informations

5.1. Description de l'idée

L'idée principale de cette deuxième approche consiste à élaborer une mesure qui se base sur la comparaison des chemins de propagation d'informations. La démarche repose essentiellement sur la procédure de la propagation de l'ensemble des évidences lors d'une inférence bayésienne. Nous présumons que ce chemin de propagation remplace la conduite d'interprétation d'un cas cérébral élaboré par un radiologue dans le cadre réel.

Tout comme la première approche décrite dans la section précédente, la procédure de la mesure de similarité actuelle utilise les informations récupérées suite à une procédure d'inférence bayésienne. Nous avons décidé d'utiliser l'algorithme d'arbre de jonction qui est un algorithme d'inférence pour les graphes avec des cycles qui considère le regroupement des nœuds pour former un arbre (Murphy *et al.*, 1999). L'algorithme d'arbre de jonction transforme un graphe en un arbre où chaque nœud est incorporé dans une clique. La propagation d'information entre les différentes cliques est assurée par des messages, considérés comme des éléments intermédiaires. L'idée clef de cette méthode consiste à employer la propagation des messages entre ces cliques en comparant la variation des paramètres des nœuds associés (Harris *et al.*, 1990). Nous supposons, également, que deux cas se superposent si la variation de l'arbre des cliques causée par le chemin de propagation de l'évidence est similaire.

La figure 2.8 illustre le processus de la mesure de similarité à suivre dans cette approche. Un cas requête ; représenté comme un vecteur des valeurs symboliques; est injecté dans les classifieurs bayésiens présentés dans la section 3.3. A chaque itération, un cas requête est comparé à tous les cas à partir de la base de données sur la base d'une signature construite à partir de la variation des paramètres de l'arbre de jonction lors de l'injection de ses évidences.

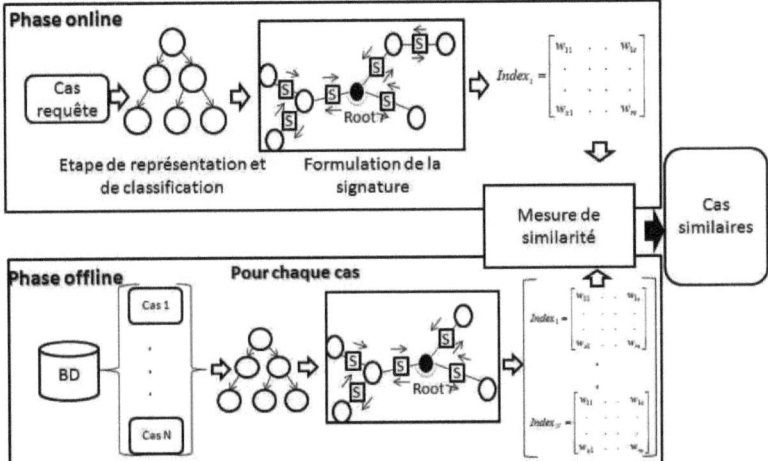

Figure 2.8. *Procédure de la similarité basée sur la comparaison des chemins de propagation de l'information*

5.2. Apport de l'algorithme d'inférence de l'arbre de jonction

L'algorithme d'inférence de l'arbre de jonction, introduit par Jensen, Lauritzen et Spiegelhalter (Jensen *et al.*, 1990), est un algorithme d'inférence probabiliste appliqué sur les structures d'arbres. En utilisant la structure algébrique d'inférence probabiliste, cet algorithme a pour but de décomposer un calcul global sur une distribution de probabilité conjointe dans un ensemble relié par des calculs locaux.

La procédure globale de l'algorithme regroupe quatre étapes principales. Premièrement, le processus commence par une étape de moralisation qui permet de convertir un graphe direct à un graphe non orienté. Ensuite, un algorithme de suppression est appliqué pour trianguler le graphe entier. Troisièmement, à ce niveau, il devient possible de construire un arbre de jonction en formant un arbre avec la couverture maximale. Cette procédure vise à en déduire un arbre des cliques qui est construit à partir des sommets qui sont les cliques maximales du graphe original. Cet arbre est composé d'un ensemble de cliques qui sont reliés par des ensembles de séparation contenant des intersections des variables. Enfin, la quatrième étape consiste en la propagation de croyance qui est fourni par la mise à jour d'une clique basée sur une autre, nous parlons ici de l'opération de passage de messages.

Chapitre 2 : Indexation et recherche basées sur les modèles graphiques probabilistes

Etant donné un graphe G composé d'un vecteur de variables aléatoires $X = \{X_1, ..., X_n\}$, un arbre de jonction a comme rôle de garantir que $p(x)$ peut être factorisée comme suit :

$$p(x) = \frac{\prod c \in C_{max} p(x_c)}{\prod s \in C_{sep} p(x_s)} \qquad (2.25)$$

Où, C_{max} est un ensemble de toutes les cliques maximales dans le graphe triangulé et C_{sep} représente les ensembles de séparation (intersections des cliques adjacentes) (Jensen *et al.*, 1990). La figure 2.9 schématise un exemple d'une transformation d'un réseau graphique à un arbre de jonction.

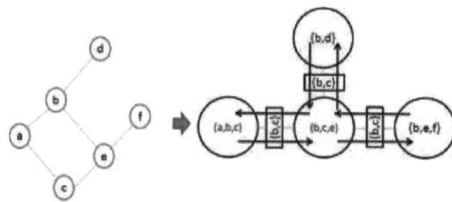

Figure 2.9. *La transformation en un arbre de jonction à partir d'un réseau graphique*

Où $\{a, b, c, d, e, f\}$ sont les nœuds représentant un réseau bayésien donné. Après la transformation du réseau en un arbre de jonction, ces nœuds sont incorporés dans les cliques pour qu'ils soient interconnectés par des séparateurs. À titre d'exemple, les deux cliques contenant, successivement, les nœuds $\{a, b, c\}$ et $\{b, e, f\}$ sont interconnectés par le séparateur$\{b, c\}$. La phase de la propagation des informations est valorisée en explorant la procédure de transmission des messages. Le principe de la propagation des messages consiste à permettre l'envoi d'un message d'une clique X à sa voisine Y après la réception des messages de tous ses voisins sauf Y (Cowell *et al.*, 2007). La propagation des messages vise à calculer les variations des potentiels des cliques et des séparateurs après l'introduction des évidences. La procédure de propagation utilise des équations de mises à jour des potentiels des cliques, appelées généralement collecte des évidences et distribution des évidences (Cowell *et al.*, 2007). L'algorithme de l'arbre de jonction envoie des messages entre les cliques et les séparateurs jusqu'à ce que la consistance globale soit atteinte, nous parlons de la propriété de l'arbre de jonction (Jensen, 1988).

5.3. Démarche de la mesure de similarité

Une mesure de similarité est utilisée pour déterminer le degré de correspondance entre deux cas testés. Nos efforts ont été orientés à trouver un paradigme qui permet de comparer deux cas sur la base de leurs diagnostics effectués. Ainsi, l'idée consiste à affecter une signature pour chaque cas. Cette signature est déduite à partir de tous les paramètres collectés après la procédure de construction de l'arbre de jonction. L'idée principale de l'approche proposée consiste à 'traquer' le chemin de propagation des évidences dans l'arbre de jonction. Cette observation est réalisée en récupérant toutes les variations des paramètres des cliques lors de l'injection de nouvelles évidences. Le déroulement de l'approche proposée est détaillé dans ce qui suit.

Nous décrivons, dans ce qui suit, le processus de mesure d'une similarité entre le cas requête, noté Q_r et un cas issu de la base de données, noté Q_i. Lorsque l'inférence doit être effectuée, chaque graphe est transformé en un arbre de jonction noté par: $J^t = \{J^1, ..., J^T\}$ où J^t désigne l'arbre de jonction construit à partir du graphe représentant la tumeur t. Chaque arbre de jonction est constitué d'un ensemble de cliques représentées noté par $C = \{c_1, ..., c_n\}$. Chaque clique est associée à une fonction de potentiel, notée le potentiel d'une clique $\psi_c(X_c)$. Le produit de ces potentiels définit la probabilité conjointe de toutes les cliques.

5.3.1. Nœuds les plus influents dans le processus de classification

Nous estimons que les paramètres initiaux des cliques dépendent essentiellement des valeurs de nœuds qui leur appartiennent. Par conséquent, cette procédure est effectuée pendant l'étape de construction de l'arbre de jonction dans le processus d'inférence. A ce niveau, la tâche commence par initialiser tous les potentiels des clusters et des séparateurs à $\psi = 1$.

Lors de la propagation des évidences, les potentiels des cliques sont modifiés dans le graphe original. Cette procédure mène à définir un vecteur de nœuds avec leurs valeurs évidentielles. Ce processus est défini comme suit:

$$P(x) = \frac{1}{Z} \prod_{c \in C} \psi_c(x_c) \qquad (2.26)$$

Où Z est un facteur de normalisation et x_c est l'ensemble de variables correspondant à une clique.

Nous supposons que les nœuds sont divisés en deux sous-ensembles, un premier qui contient des nœuds sur des données observées (noté E) et un sous-ensemble qui regroupe les nœuds cachés (noté H). Notre objectif est de calculer les taux de variation des probabilités des nœuds constituant une clique lors de l'ajout d'une nouvelle évidence $\delta(x_E, x_{\bar{E}})$, où $x_{\bar{E}}$ représente la valeur observée. Le potentiel de propagation de la preuve est défini comme suit:

$$\tilde{\psi}_c(x_c) = \psi_c(x_c)\delta(x_E, x_{\bar{E}}) \qquad (2.27)$$

Chaque injection des évidences concernant un nœud exécute une variation de la valeur des cliques. Nous calculons pour chaque injection, le degré de variation de la clique concernée par:

$$Degree_{(x/c)} = (\tilde{\psi}_c|\delta(x_E, x_{\bar{E}})) - (\psi_c \not\subset \delta(x_E, x_{\bar{E}})) \qquad (2.28)$$

Où $Degree_{(x/c)}$ définit le degré d'influence du nœud x dans la clique c. $(\tilde{\psi}_c|\delta(x_E, x_{\bar{E}}))$ représente le potentiel de la clique c tout en considérant la propagation des évidences du nœud x. $(\psi_c \not\subset \delta(x_E, x_{\bar{E}}))$ représente tout le potentiel de la clique avant l'injection de l'évidence du nœud x.

Lors de l'initialisation d'une clique c, nous classons les nœuds les plus influents qui contribuent à la convergence de ses paramètres. Ce classement est décrit par:

$$N_c = (x_1, \ldots, x_N), \forall x_i \in N_c, x_i \geq x_j, 1 \leq j \leq i \qquad (2.29)$$

Où N_c est un vecteur de nœuds de la clique c classés selon l'ordre du degré d'influence.

Ce processus est généralisé sur toutes les cliques afin de récupérer l'ensemble des nœuds prioritaires pour chaque clique. A la fin de cette procédure, nous disposons d'une matrice contenant une liste de nœuds classés par ordre d'influence pour chaque clique de l'arbre de jonction.

5.3.2. Récupération de la variation des cliques

Les variations dans les cliques de l'arbre de jonction sont établies au cours du processus de la transmission des messages. Lors de ce processus, deux procédures sont conduites : Premièrement, la collecte des évidences visant à recueillir tous les messages à partir des feuilles vers les parents. Un message reçu à partir d'une feuille constitue la marginale de sa table par la sommation des variables incluses dans cette feuille à l'exception de ceux se trouvant dans le séparateur. Par conséquent, à la fin de ce processus, une racine reçoit des messages de l'ensemble de ses enfants. Deuxièmement, la procédure de la distribution des évidences est exécutée et chaque clique multiplie sa table par la table de ses parents, ceci est répété jusqu'à ce que les feuilles soient atteintes.

Nous supposons travailler avec deux cliques V et W d'un arbre de jonction ayant les potentiels ψ_V et ψ_W et le séparateur S avec un potentiel ϕ_s. Tout d'abord, l'information est transmise à partir de V vers W. Dans cette étape, W est mise à jour basée sur V:

$$\phi_S^* = \sum_{V \setminus S} \psi_V, \psi_W^* = \frac{\phi_S^*}{\phi_S} \psi_W \qquad (2.30)$$

Deuxièmement, l'information retourne dans le sens inverse de W vers V :

$$\phi_S^{**} = \sum_{W \setminus S} \psi_W, \psi_V^{**} = \frac{\phi_S^{**}}{\phi_S^*} \psi_V^* \qquad (2.31)$$

Le poids d'une clique est évalué sur la base du degré d'influence de ses propres messages, les évidences envoyées aux cliques voisines, sur la convergence des paramètres de l'arbre de jonction. L'idée consiste à récupérer les variations dérivées de chaque injection de ces évidences tout en suivant ces procédures. A la fin, nous aurons une structure de données montrant toutes les observations sur les cliques de l'arbre de jonction. Une clique est choisie comme une racine et les messages sont recueillis à ce nœud. Compte tenu d'une clique W, choisie comme racine de l'arbre de jonction, qui a un ensemble de cliques enfants noté $V\{v_1,..,v_n\}$ et un ensemble de séparateurs $S\{s_1,..,s_n\}$ entre W et chaque clique de l'ensemble V, un message reçu d'une feuille vers le parent est exprimé comme suit:

$$\psi^*(W) = \sum_{v_1}^{v_n} \psi_{W/v}^* \qquad (2.32)$$

Par conséquent, un degré est attribué à chaque clique compte tenu de ses messages transmis. Ce degré est calculé comme suit:

$$Degree(v) = \psi_{W/v} - \psi_{W \not\subset v} \qquad (2.33)$$

Où $\psi_{W/v}$ définit le potentiel de la clique W considérant V, $\psi_{W \not\subset v}$ définit le potentiel de la clique de W avant la réception des messages.

Cette procédure est étendue sur l'arbre des cliques; chaque clique est modifiée compte tenu de ses enfants. La formulation générale de l'ensemble des cliques C d'un arbre de jonction J est donnée ci-dessous:

$$\lambda_{sign}(J) = (\lambda_1,..,\lambda_C), \forall c \in (1,..,C), \lambda_C = degree(c / \sum_{l=1}^{l=child(c)} \psi(i)) \qquad (2.34)$$

Dans l'autre sens de propagation, les messages sont distribués à partir de la racine à tous les enfants. Le même principe est reproduit et elle est donnée comme suit:

$$\mu_{sign}(J) = (\mu_1,..,\mu_C), \forall c \in (1,..,C), \mu_C = degree(c / \sum_{j=1}^{j=Parents(c)} \psi^*(j)) \qquad (2.35)$$

5.3.3. Etape de comparaison et de décision

Compte tenu d'un cas donné, après l'exécution de ces deux étapes décrites ci-dessus, une signature est définie comme suit:

$$w_{sign} = (w_{sign}^1,...,w_{sign}^T), \forall t \in T, w_{sign}^t = \{M_j, \lambda_{sign}(J^t), \mu_{sign}(J^t)\} \qquad (2.36)$$

La signature d'un cas donné est composée de tous les paramètres récupérés comme il est décrit ci-dessus. Cette opération est répétée sur tous les graphes représentant les tumeurs cérébrales étudiées $\{1,..,T\}$; pour déduire la signature finale. Ainsi, J^t définit l'arborescence de la jonction de la courbe représentant la tumeur.

Ce traitement est étendu sur les graphes définis pour calculer à chaque fois la signature du cas en question sur la tumeur concernée. Après avoir parcouru tous les graphes de classification, la signature globale d'un cas (désigné $index_Q$ dans ce qui suit) est présentée comme une matrice de signatures locales, formulée comme suit:

$$Index_Q = \begin{bmatrix} w_1^1 & \cdots & w_C^1 \\ \vdots & \ddots & \vdots \\ w_1^T & \cdots & w_C^T \end{bmatrix} \qquad (2.37)$$

Où, w_i^t désigne la signature de la i^{ème} clique de l'arbre de jonction du graphe représentant la tumeur t. La structure de la matrice est considérée comme l'indice d'un cas requête.

A ce niveau, le problème peut être traduit en une quantification de distance entre deux matrices. Chaque matrice définit, successivement, la signature de Q_r et la signature de Q_i. Cette procédure est une comparaison des différentes variations des graphes représentant les tumeurs pour une paire de cas (cas requête et cas test) lors d'une 'injection de leurs évidences. Ceci est considéré comme une comparaison des procédures de diagnostic, suivie par des radiologues dans un contexte réel. Cette tâche de correspondance est définie comme suit:

$$Sim(Index_i, Index_r) = \sum_{\tau=1}^{T} Sim(w_i^t, w_r^t) \qquad (2.38)$$

Où T est le nombre de tumeurs étudiées, $Sim(w_i, w_r)$ sont les signatures des similarités entre w_i et w_r.

Les opérations de cette mesure de similarité sont appliquées sur tous les cas de la base de données. A la fin de la routine, un ensemble de scores est déterminé. Chaque score décrit les degrés de similitude entre Q_i et Q_r. Ensuite, cet ensemble sera classé pour indiquer les cas les plus n similaires qui seront adoptés et réutilisés.

6. Résultats Expérimentaux

6.1. Données expérimentales

Nous allons présenter et discuter les résultats obtenus par les deux approches présentées dans les deux sections précédentes. Pour cela, nous proposons des séries d'expérimentations diversifiées qui ont comme objectif principal la validation de la performance de ces deux approches. Les données de test et d'apprentissage parviennent de la base des cas IRM contenant des tumeurs cérébrales présentée et détaillée dans le deuxième chapitre. Afin d'assurer ces expérimentations, nous disposons de 192 dossiers patients se composant chacun d'un ensemble d'images et d'une interprétation radiologique réalisée par un clinicien. Les dossiers patients sont répartis sur 8 classes à savoir sept classes tumeurs représentant le cadre d'étude et une classe nommée 'Autre' représentant les dossiers qui contiennent des tumeurs autres que les sept tumeurs définis dans le cadre d'étude. La répartition des dossiers par classe est présentée dans le tableau 2.2 :

Tableau 2.2. *Répartition des dossiers par classe tumeur*

	Classe	Nombre de cas
1	Métastases	27
2	Astrocytome pilocytique	22
3	Glioblastome	50
4	Oligodendrogliome	15
5	Lymphome	16
6	Gliome de bas grade	9
7	Meningiome	23
8	Autre	30

Les deux approches proposées exploitent les données de classification provenant du classifieur bayésien. Ainsi, le scénario d'évaluation opte à évaluer le modèle de classification bayésien tout en comparant les différentes initialisations possibles.

Lors de l'implémentation des approches sus-décrites, nous avons utilisé la boite à outils Bayes net Toolbox for Matlab (BNT)[1]. BNT est un ensemble de packages de programmes écrits avec le langage Matlab pour les modèles de graphes orientés. Aussi, nous avons utilisé les bibliothèques de la boite à outils de traitement d'image sous matlab (matlab image processing toolbox) afin d'implémenter quelques modules.

6.2. Evaluation du modèle de classification

Dans cette première évaluation, nous allons évaluer la meilleure estimation des paramètres des réseaux bayésiens de classification. Nous rappelons que nous utilisons des classifieurs bayésiens qui, chacun d'eux, représente une tumeur du cadre d'études défini dans le chapitre 1. La structure de ces classifieurs est unique tandis que les tables de probabilités conditionnelles des nœuds varient d'une tumeur à une autre. La variation du paramétrage du réseau consiste à varier l'initialisation des nœuds du réseau bayésien. Par ailleurs, trois instanciations sont proposées : Premièrement, une instanciation basée sur l'élicitation des nœuds assurée par les experts médicaux, notée BN-ELIC. En effet, les experts médicaux proposent une explicitation des probabilités pour chaque nœud du réseau bayésien. Une élicitation est effectuée pour chaque tumeur dans le cadre d'études.

Deuxièmement, une seconde instanciation des nœuds assurée par un algorithme d'apprentissage avec des données complètes. Nous avons choisi d'appliquer dans ce cadre l'algorithme d'apprentissage du maximum de vraisemblance. Cette instanciation sera notée BN-LEARN1 dans ce qui suit. La méthode du maximum de vraisemblance ; décrite dans (Fisher, 1922); consiste à déterminer le jeu de paramètres noté $\hat{\theta}$ qui maximise la vraisemblance, notée L, d'un ensemble de données observées notée D_X. La vraisemblance est donnée comme suit :

$$L(\theta; D_X) = p(D_X; \theta) = \prod_{d=1}^{D} L(\theta_d; D_{fn(X_d)}) \tag{2.39}$$

---

[1] https://code.google.com/p/bnt/

Où $L(\theta_d; D_{fn(X_d)})$ est la vraisemblance locale des données observées relatives à la famille de la variable X_d.

Troisièmement, une instanciation appliquant un algorithme d'apprentissage des paramètres avec des données incomplètes à savoir l'algorithme espérance-maximisation (souvent abrégé EM) (McLachlan et al., 2008). Cette troisième instanciation sera notée BN-LEARN2. EM est une méthode d'optimisation itérative pour estimer des paramètres inconnus, compte tenu des données de mesure. L'estimation des paramètres dans l'algorithme EM comprend la maximisation de la probabilité a posteriori des paramètres donnés Θ. Supposons avoir un ensemble de donnés U marginalisées sur J, l'estimation est calculée comme suit :

$$\Theta^* = \underset{\Theta}{\mathrm{argmax}} \sum_{J \in \mathfrak{J}^n} P(\Theta, J|U) \qquad (2.40)$$

Les performances des différentes initialisations du classifieur bayésien ; en termes de précision, du taux de retour et de F-mesure sont comparées dans le tableau 2.3.

Tableau 2.3. *Taux de précision (P), de retour (R) et de F-mesure (F) de la classification en fonction des méthodes d'initialisation des paramètres du réseau bayésien*

Classe	BN-ELIC			BN- LEARN1			BN- LEARN2		
	P	R	F	P	R	F	P	R	F
Métastase	77,8	42,86%	68,1	81,5	39,3	59,9	74,1	42,55	65,8
Astrocytome pilocytique	68,2	45,45%	70,8	81,8	30,5	40,5	77,3	28,33	35,6
Glioblastome	76	38,38%	57,5	76	42,2	67,5	80	44,44	75
Oligodendrogliome	53,3	25,81%	25,5	20	25	12,5	6,7	50	1,3
Lymphome	18,8	33,33%	18	56,3	36	42,7	56,3	37,50	45,5
Méningiome	95,7	31,43%	45,1	78,3	40,9	62,7	91,3	29,58	40,6
Gliome Bas Grade	22,2	20,00%	9,8	44,4	22,2	18,3	22,2	22,22	11,1
Taux moyen %	67,3	36,21	56,6	69,2	36,9	58,2	67,9	36,3	57,5

A partir de ce tableau, nous observons que les performances de classification pour les trois initialisations testées sont très proches. Une légère suprématie est marquée par la classification avec une initialisation des paramètres par un algorithme d'apprentissage avec données complètes (BN-LEARN1).

6.3. Evaluation de l'étape de recherche et de décision

Dans cette partie, nous présentons et nous discutons les performances des deux approches de recherche. Nous choisissons de diversifier les critères d'évaluation sur trois séries d'expérimentations.

Afin d'évaluer efficacement ces méthodes, nous avons appliqué la méthode de la validation croisée (Kohavi, 1995) dans toutes les séries d'expérimentations. La validation croisée est utilisée pour comparer la performance d'un ensemble d'algorithmes différents afin de déduire le meilleur algorithme pour un ensemble de données. Elle est fondée essentiellement pour évaluer les techniques d'échantillonnage (Kohavi, 1995). Dans un contexte de recherche des données, la validation croisée estime la précision en calculant le nombre total des réponses correctes pour un échantillon de test étant donné un échantillon d'apprentissage. Ainsi, la description de cette procédure est donnée par une division de l'échantillon initial sur k sous-ensemble. Dans chaque itération, le $k^{ième}$ ensemble est utilisé pour la validation tandis que les autres (k-1) échantillons représentent l'ensemble d'apprentissage. Suite à la conduite d'un ensemble de test, la performance qui concerne l'échantillon de validation k est calculée. A la fin, la performance finale de l'approche en test est calculée sur la base de la moyenne des performances des k échantillons.

Dans cette série de test, cinq échantillons de validations croisées sont établis dans le processus d'évaluation. A chaque itération, 4/5 de la base initiale est utilisée comme un ensemble d'apprentissage tandis que le 1/5 de la base initiale est introduite comme un échantillon de validation. Egalement, nous utilisons deux indices de performances utilisés dans le cadre de recherche d'informations; qui sont l'indice de précision (P) et l'indice de retour (R) détaillés dans la section 4.2 du premier chapitre.

6.3.1. Première série expérimentale : Comparaison des deux approches de similarité

Dans la première série, nous menons une étude comparative des résultats des deux approches tout en variant les initialisations des réseaux bayésiens pour la classification. Dans ce qui suit, la notation SIGN-COMP définit la première approche de mesure de similarité se basant sur la correspondance des signatures tandis que la notation PROPAG-TREE indique la deuxième approche se basant sur la correspondance des chemins de propagation. Par ailleurs, pour ces deux approches, nous allons comparer les trois initialisations des paramètres possibles à savoir l'initialisation par élicitation des données (notée ELIC), l'initialisation par un algorithme d'apprentissage des données incomplètes (notée LEARN1) et l'initialisation par un algorithme d'apprentissage des données complètes (notée LEARN2). Les résultats sont présentés dans le tableau 2.5.

Tableau 2.4. *Comparaison du Taux de précision (P) et de retour (R) des résultats de recherche(%) pour les deux méthodes SIGN-COMP et PROPAG-TREE*

	SIGN-COMP						PROPAG-TREE					
	ELIC		LEARN1		LEARN2		ELIC		LEARN1		LEARN2	
Indice	P	R	P	R	P	R	P	R	P	R	P	R
1er Cross	85	30,4	75	26,8	85	30,4	85	30,4	80	28,6	65	23,2
2ème Cross	80	27,1	55	18,6	75	25,4	70	23,7	70	23,7	75	25,4
3ème Cross	85	43,6	65	33,3	85	43,6	75	38,5	65	33,3	75	38,5
4ème Cross	70	21,5	35	10,8	60	18,5	75	23,1	60	18,6	65	20
5ème Cross	85	25,8	70	21,2	85	25,8	85	25,8	80	24,2	85	25,8
Taux moyen %	81	29,7	60	22,1	78	28,7	78	28,3	71	25,7	73	26,6

Pour les deux approches comparées, l'initialisation basée sur l'élicitation des experts réalise les meilleures performances en termes de précision et d'indice de retour. Les résultats de l'approche SIGN-COMP dépassent légèrement ceux de la méthode PROPAG-TREE dans les trois initialisations des paramètres possibles.

6.3.2. Deuxième série d'expérimentations : Comparaison avec des méthodes de recherche basées sur des distances classiques

Dans cette deuxième série d'expérimentations, nous comparons les deux approches proposées avec des méthodes de recherche basées sur des mesures de similarité classiques. Nous avons sélectionné trois métriques de distance diversifiée. Par conséquent, toutes les caractéristiques symboliques sont converties en valeurs numériques avant de calculer la distance. La première distance est la distance de Minkowski (notée SIM-MKW dans ce qui suit), qui est la métrique la plus commune dans un espace euclidien. Pour deux vecteurs A et B, la distance de Minkowski est donnée dans la quatrième section du premier chapitre.

La deuxième méthode est basée sur la distance khi-carré (en anglais chi-square), notée généralement par X (Leydesdorff, 2009). Etant donné deux distributions $x = [x_1, x_2, \ldots, x_j]$ et $y = [y_1, y_2, \ldots, y_j]$, la distance $X_{x,y}$ est définie comme suit :

$$X = \sqrt{\sum_{j=1}^{J} \frac{1}{C_j}(x_j - y_j)^2} \qquad (2.41)$$

C_j désigne le $j^{ième}$ élément du profil moyen, qui est la proportion de l'abondance de la $j^{ième}$ proposition dans l'ensemble entier des données (Leydesdorff, 2009). Cette deuxième méthode est notée SIM-CH dans ce qui suit.

La troisième méthode se base sur la mesure de similarité cosinus (notée SIM-COS dans ce qui suit) qui est une mesure de similarité entre deux vecteurs quantifiée par le cosinus de l'angle (Leydesdorff, 2009). La mesure cosinus entre deux vecteurs X et Y est donnée comme suit :

$$\cos(\theta) = \frac{X.Y}{\|X\|\|Y\|} \qquad (2.42)$$

Davantage, nous introduisons une méthode de mesure de similarité basée sur les principes de KNN (Hastie et al., 2009), notée dans ce qui suit SIM-KNN. Les résultats obtenus dans cette deuxième série d'expérimentations sont illustrés dans la figure 2.10.

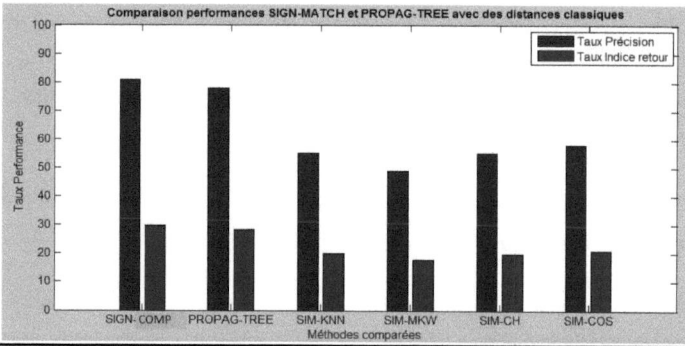

Figure 2.10. *Comparaison des performances des résultats de recherche des deux approches proposées avec des distances classiques en termes de précision (P) et d'indice de retour (R)*

Pour les deux critères de performance, nous voyons que l'approche SIGN-COMP et de l'approche PROPAG-TREE surpassent clairement les méthodes basées sur les distances classiques. L'approche SIM-COS est la plus proche aux deux approches proposées avec un taux de précision égal à 62% et un taux d'indice de retour égal à 21%. La méthode SIM-KNN réalise la plus mauvaise performance avec un taux de précision égal à 49% et un taux d'indice de retour égal à 15%.

6.3.3. Troisième série d'expérimentations : Evaluation du temps de réponse

Le tableau 2.6 compare le temps de réponse moyen nécessaire pour sélectionner les cas les plus proches à un dossier requête des deux approches proposées (SIGN-COMP et PROPAG-TREE). Ce temps est décomposé de deux étapes de calcul : la procédure de classification et la construction de l'index en premier lieu et la mesure de similarité et la décision en deuxième lieu. Tous les calculs sont effectués avec un processeur intel 64-bit cadencé à 2 Ghz et 3 Go de mémoire. Pour comparer ces approches, les mêmes paramètres ont été utilisés.

Tableau 2.5. *Temps de réponse moyen de recherche dans une base de données (en secondes)*

		Temps de classification et construction de l'index	Mesure de similarité et décision	Temps total
SIGN-COMP	ELIC	3.4s	0.4s	3.8s
	LEARN1	4.6s	0.28s	4.88s
	LEARN2	6.2s	0.37s	6.57s
PROPAG-TREE	ELIC	3.2s	0.3s	3.5s
	LEARN1	4.1s	0.27s	4.37s
	LEARN2	6.0s	0.35s	6.35s

Nous observons que la plus grande partie du temps est consacrée à la tâche de classification (entre 3.1 secondes et 6.2 secondes). Une deuxième observation initiale concerne les tests avec initialisations basées sur l'apprentissage qui nécessitent un temps de réponse supérieur à celui pour les tests avec élicitation des experts. D'ailleurs, en appliquant un algorithme d'apprentissage avec des données incomplètes, nous marquons le temps d'exécution le plus élevé. Aussi, cet indice donne une faveur à l'approche PROPAG-TREE par rapport à l'approche SIGN-COMP dans les trois initialisations possibles. Ces résultats montrent que l'amélioration de la performance réalisée par la méthode SIGN-COMP est réalisée en diminuant la rapidité de la réponse aux requêtes.

6.3.4. Quatrième série d'expérimentations : Evaluation de la robustesse face aux données manquantes

La quatrième série d'expérimentations a pour but d'évaluer la robustesse des approches de recherche d'informations face aux situations d'incertitude et de les comparer avec celles des méthodes classiques de mesure de similarité. La démarche de cette série consiste à tester un cas requête tout en supprimant à chaque fois un certain nombre de valeurs d'attributs aléatoirement. Le pourcentage de valeurs manquantes des attributs varie entre $\left\{\frac{N}{4},...,N\right\}$, où N est le nombre total d'attributs représentant un cas requête dans une itération de recherche. Nous notons que le degré des informations manquantes est calculé comme suit:

$$M = \frac{Caractéristiques\ manquantes}{Nombre\ Total\ de\ caractéristiques} \qquad (3.5)$$

Les résultats de cette série sont illustrés sur la figure 2.11. Nous notons que les cas archivés sont retournés au hasard quand le cas requête est représenté par aucun attribut (l'indice 0 sur l'axe des abscisses).

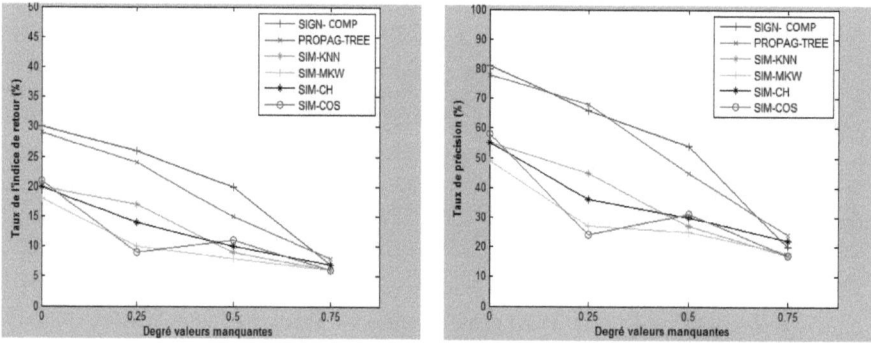

Figure 2.11. *Variation du taux de robustesse en fonction des degrés des valeurs manquantes (à droite taux de précision et à gauche taux de l'indice de retour)*

6.4. Discussion

Nous avons proposé dans ce chapitre deux approches de mesure de similarité appliquées dans un processus de recherche des cas médicaux. Les données prises en entrée sont parvenues de l'interprétation radiologique des dossiers patients ayant des tumeurs cérébrales. Dans ce cadre, nous avons utilisé les réseaux bayésiens comme une approche de modélisation et de raisonnement. La contribution principale de ce travail consiste à proposer une nouvelle vision sur la quantification de similarité entre deux objets dans un contexte de recherche d'informations. Dans la phase expérimentale, l'objectif est de valider les deux approches proposées tout en diversifiant les séries d'expérimentations. Nous avons opté à mener les expérimentations sous deux volets. Le premier vise à évaluer le modèle bayésien de classification et le deuxième teste la performance des deux approches de quantification de similarité. Les deux approches proposées marquent des résultats déterminés lors des tests diversifiés sur des cas médicaux comprenant des tumeurs cérébrales.

Dans le premier volet d'expérimentations, l'objectif est d'évaluer toutes les configurations possibles du modèle de classification bayésien. La phase de classification est cruciale dans le processus de recherche dans les deux approches proposées. Les trois configurations des réseaux bayésiens sont construites sur la base d'une variation des initialisations des paramètres du réseau (initialisation par élicitation des variables, initialisation par application d'un algorithme d'apprentissage des données complètes et initialisation par application d'un algorithme d'apprentissage des données incomplètes). Comme observation pour les deux approches, la configuration du réseau se référant à l'élicitation des paramètres est la mieux adaptée puisque les meilleures performances sont marquées par cette configuration. Cette observation peut être expliquée par la taille actuelle de la base des cas collectionnés qui reste insuffisante et inappliquée pour un apprentissage des données performant.

Dans le deuxième volet d'expérimentations, l'évaluation vise à observer le comportement des approches proposées face à des situations des données manquantes. L'indice de robustesse est calculé et comparé entre les approches existantes dans cette série d'évaluation. L'interprétation principale déduite à partir des résultats retournés confirme la supériorité des deux approches proposées lors de plusieurs tests de robustesse avec des niveaux d'incertitude variés. A titre d'exemple, avec 50% de données manquantes et une fenêtre de retrouvaille égale à dix, l'approche SIGN-COMP réussit à retourner cinq réponses correctes tandis que l'approche PROPAG-TREE retourne quatre réponses correctes. Avec la même configuration, les résultats retournés par les autres approches introduites dans cette évaluation comprennent entre deux et trois réponses correctes.

Pour conclure, les diverses séries d'expérimentations approuvent la performance de deux méthodes dans la problématique de recherche des cas médicaux. La première approche appliquant la correspondance des signatures des graphes (SIGN-COMP) marque une légère supériorité par rapport à la deuxième approche appliquant la comparaison des chemins de propagation (PROPAG-TREE). Les principes des raisonnements proposés dans les deux approches sont validés pour la base de données disponible et il faudrait disposer d'autres bases des cas pour pouvoir généraliser éventuellement ces constatations.

Conclusion

Nous avons traité dans ce chapitre une problématique de recherche d'informations médicales en se basant sur les modèles graphiques probabilistes bayésiens. Cet intérêt accordé au cadre probabiliste provient essentiellement de l'efficacité de ces réseaux dans le traitement de l'incertain qui reste une lacune considérable des problèmes liés aux traitements des connaissances. La problématique traitée dans cette thèse se situe dans ce même contexte en traduisant les différents éléments d'un diagnostic d'une tumeur cérébrale dans un modèle graphique. En effet, le schéma d'interprétation dans la démarche diagnostique est conceptualisé dans des nœuds interconnectés et qui sont dépendants conditionnellement. Le principe de la recherche des cas médicaux se base essentiellement sur des réseaux bayésiens de classification qui fournissent un ensemble de paramètres incorporés dans la formulation de la mesure de similarité. Deux mesures de similarités ont été décrites : la première se base sur la correspondance des nœuds des modèles de classification et la deuxième s'appuie sur la comparaison des chemins de propagation d'informations dans les mêmes modèles de classification. Les résultats obtenus suite aux diverses séries d'expérimentations sont satisfaisants et se distinguent par une suprématie claire par rapport à des méthodes de mesure de similarité classiques. Dans le chapitre suivant, nous allons explorer le cadre possibiliste pour traiter la même problématique de recherche. Ce cadre devient de plus en plus appliqué dans diverses problématiques. Il est considéré dans la littérature comme le substitut du cadre probabiliste avec un meilleur traitement de l'incertitude et de l'imprécision.

Chapitre 3

Modèle d'indexation et de recherche basé sur les modèles graphiques possibilistes

Chapitre 3 : Indexation et recherche basées sur les modèles graphiques possibilistes

Introduction

Dans ce chapitre, nous proposons une approche de recherche des cas médicaux basée sur les réseaux possibilistes. L'approche concerne la même problématique de recherche des cas IRM cérébraux traitée dans le chapitre précédent. Les réseaux possibilistes sont construits en se basant sur les principes de la théorie de possibilité introduite par Zadeh (Zadeh, 1999), reprise par Dubois et Prade (Dubois *et al.,* 2012). Les concepts introduits dans le formalisme possibiliste propose une nouvelle vision de traitement des situations d'ambigüité rencontrées dans les problèmes de la fouille de données. A partir de ces formalismes, des modèles graphiques peuvent être construits, nous désignons ici les réseaux possibilistes (Dubois *et al.,* 2012). Ces derniers sont développés pour remédier aux limites des modèles existants dans le traitement d'informations imprécises et ils sont déclarés comme l'alternative des réseaux bayésiens dans un cadre possibiliste. Dans un contexte de recherche d'informations, les réseaux possibilistes présentent un nouveau paradigme dans le processus de décision. Ce paradigme se distingue par une flexibilité dans le traitement de l'information disponible en quantifiant la pertinence d'un résultat de recherche à travers deux mesures : la nécessité et la possibilité (Boughanem *et al.,* 2009). Dans un cadre de recherche d'informations, les informations manquantes ont une grande influence sur la dégradation de la pertinence des résultats retournés. L'application des formalismes possibilistes est une piste prometteuse afin de remédier à cet inconvénient. Nous partons de ce constat pour proposer une modélisation possibiliste de la problématique de recherche des cas médicaux traitée dans le chapitre précédent.

Ce chapitre est organisé en quatre sections : Dans la première section, nous introduisons les formalismes possibilistes et leurs applications dans les des réseaux possibilistes. Dans la deuxième section, nous intéressons à la recherche d'informations dans le cadre possibiliste. La troisième section est consacrée à la présentation du modèle de recherche et de mesure de similarité situé dans un cadre possibiliste. Dans la quatrième section, nous exposons des expérimentations qui visent à observer la performance du modèle possibiliste proposé et la comparer à celle du modèle conçu dans le contexte bayésien.

1. Modèles graphiques possibilistes

La modélisation graphique est variée et peut être introduite dans des cadres de raisonnement différents. Parmi les recherches récentes et prometteuses dans la modélisation graphique, nous mentionnons les réseaux graphiques possibilistes (Borgelt *et al.*, 2002). Ils sont définis comme étant l'alternative des réseaux bayésiens en appliquant les principes de la théorie possibiliste. Cette théorie est un outil idéal pour la formalisation des informations incomplètes qui sont généralement exprimées en termes de propositions floues (Dubois *et al.*, 1988). D'un côté, La théorie possibiliste et la théorie bayésienne sont semblables en termes de leur incorporation dans la théorie des mesures floues et dans la démarche de propagation. Dans l'autre côté, elles se différencient dans leurs formalismes mathématiques. En effet, chaque théorie est adaptée à un exemple typique de la modélisation de l'incertitude.

1.1. Généralités sur la théorie possibiliste

La théorie possibiliste est une théorie d'incertitude qui présente une nouvelle vision de traitement d'informations. Elle est initialement introduite par Zadeh, inspirée de Gaines et Kohout (Brian, 2008), puis reprise par Dubois et Prade (Dubois *et al.*, 1988). La théorie de possibilité est classée dans la famille des théories de décision qui regroupent, entre autre, la théorie probabiliste, la théorie évidentielle, la théorie des ensembles floues, etc. Elle se distingue par rapport aux autres théories par l'utilisation d'une paire de mesures de confiance : la mesure de possibilité et la mesure de nécessité (Fabiani, 1996). Les formalismes possibilistes traitent l'incertitude dans un intervalle $[0,1]$, noté échelle possibiliste, avec deux grandeurs qualitatives et quantitatives. En effet, l'information fournie par une source sur la valeur réelle d'une variable x est codée sous forme d'une distribution de possibilités. Les valeurs de cette variable sont supposées être mutuellement exclusives, puisque x prend en définitif une seule valeur (sa vraie valeur), qui appartient à un ensemble W donné (Dubois *et al.*, 1997).

La théorie des possibilités est appliquée dans plusieurs contextes tels que:
- La modélisation des informations variées et multimodales (numériques, symboliques, qualitatives, etc.),
- Le traitement de différentes formes d'imperfection de l'information (imprécision, incomplétude, etc),

- La fusion d'informations multimodales des opérateurs mathématiques dans un cadre possibiliste (opérateur min, opérateur max, etc.).

Nous nous intéressons dans ce qui suit à la composante quantitative du formalisme possibiliste.

1.1.1. Distribution des possibilités

La représentation mathématique dans un cadre possibiliste est supposée être située dans un contexte d'incertitude. Ce cadre est représenté par un univers Ω, et il est composé par un ensemble de singletons défini comme suit : $\Omega = \{X_1, X_2, .., X_N\}$. Une distribution de possibilités π est une application de l'univers de discours Ω vers l'échelle possibiliste [0,1]. Cette distribution traduit une connaissance partielle sur le domaine traité, noté w. Ainsi, nous définissons les notations suivantes (Dubois *et al.*, 2012) :

- $V = \{A_1, A_2, .., A_n\}$ est un ensemble de variables; D_{A_i} est un domaine fini associé à la variable A_i,
- $\Omega: X_{A_i \in V}, D_{A_i}$ représente l'univers du discours,
- ω est une interprétation d'états, composée du tuple $(a_1, a_2, .., a_n)$; où a_i est une instance de A_i,
- π: une distribution de possibilité et une application de Ω dans un intervalle [0,1],
- Les degrés $\pi(\omega)$ indique la compatibilité de ω avec les pièces d'informations possibles :
    - ✓ $\pi(\omega) = 0$, $\omega = \omega_0$ est impossible,
    - ✓ $\pi(\omega) = 1$, $\omega = \omega_0$ est considérée comme possible sans aucune restriction,
    - ✓ Tout degré intermédiaire $\pi(\omega) \in\ ]0,1[$ indique que $\omega = \omega_0$ est possible.
- Etant donnée une distribution de possibilité π définie dans Ω, nous pouvons définir une application de Ω d'un événement $\varphi \subseteq \Omega$ dans l'intervalle [0,1] par:

$$\prod(\omega|\varphi) = max\{\pi(\omega): \omega \in \varphi\} \qquad (3.1)$$

- Normalisation

La distribution possibiliste peut être normalisée avec une constante de normalisation α. Une distribution possibiliste est dénotée α-normalisée, si son degré de normalisation $\lambda(\pi) = 1$ alors $\lambda(\pi)$ est égal à λ. Ceci est représenté par:

$$\lambda = \lambda(\pi) = max_\omega \pi(\omega) \tag{3.2}$$

Ainsi, si $\lambda = 1$, π est considérée normalisée. Dans le cas d'une sous-normalisation de π, nous parlons du degré d'inconsistance noté *Inc*, défini par :

$$Inc(\pi) = 1 - \max_{w \in \Omega}\{\pi(\omega)\} \tag{3.3}$$

- **Non-spécificité**

La non-spécificité donne une information sur le degré d'incertitude d'une distribution possibiliste. Prenons l'exemple d'une permutation des degrés de distributions possibilistes notée $\pi = \langle \pi_{(1)}, \pi_{(2)}, .., \pi_{(n)} \rangle$ avec $\pi_{(1)} \geq \pi_{(2)} .. \geq \pi_{(n)}$, le degré d'incertitude (noté U-uncertainty) de la distribution π est défini comme suit :

$$\prod(\omega|\varphi) = max\{\pi(\omega): \omega \in \varphi\} \tag{3.4}$$

Où l'intervalle de U est $[0, log_2 n]$.

- **Marginalisation**

La marginalisation d'une distribution possibiliste est calculée en utilisant l'opérateur maximum. Soit V un ensemble de variables $\{A_1, A_2, .., A_N\}$, une distribution possibiliste marginalisée π, $\forall X \subseteq V$ et $\forall X \in dom(X)$, $\pi(x)$ est déduite comme suit :

$$\pi(x) = max_{w \in \Omega}\{\pi(\omega): \omega[X] = x\} \tag{3.5}$$

Où $dom(X)$ définit le domaine de X, x est une instance de X, $\omega[X] = x$ détermine une configuration de X dans ω.

1.1.2. Mesures de possibilité et de nécessité

Etant donné un singleton $X_n \in \Omega$, l'incertitude liée à son occurrence est définie par sa valeur de possibilité $\pi(X_n)$. Toutefois, la représentation de l'incertitude de l'occurrence d'un évènement $A \subseteq \Omega$ est caractérisée ; successivement ; par la mesure de nécessité $N(A)$ et la mesure de possibilité $\Pi(A)$ (Jenhani *et al.*, 2010).

1.1.2.1. Mesure de possibilité

La mesure de possibilité décrit la situation la plus normale pour qu'un évènement A soit vrai. Pour une application définie sur l'ensemble des parties de Ω, $\Pi(.)$ d'un évènement A est représenté comme suit :

$$P(\Omega) \to [0,1]$$
$$A \to \Pi(A) \quad (3.6)$$

Ainsi, la mesure de possibilité $\Pi(A)$ est donnée par :

$$\Pi(A) = \max_{X \notin A}(1 - \pi(x)) \forall A \in \Omega \quad (3.7)$$

Si $\Pi(A) = 1$, alors l'événement A est considéré comme un évènement tout à fait possible.

1.1.2.2. Mesure de nécessité

La mesure de nécessité décrit la situation la plus normale pour qu'un évènement A soit faux. Pour une application définie sur Ω, $N(A)$ est défini par :

$$P(\Omega) \to [0,1]$$
$$A \to N(A) \quad (3.8)$$

La mesure de nécessité $N(A)$ est définie comme suit :

$$N(A) = \min_{X \notin A}(1 - \pi(x)) \forall A \in \Omega \quad (3.9)$$

Par conséquent, l'occurrence d'un événement A est cernée dans l'intervalle $[N(A), \Pi(A)]$ afin de délimiter la probabilité précise de la réalisation de A. De ce fait, trois situations extrêmes peuvent être déduites de cette représentation :
- Evènement impossible : $[N(A), \Pi(A)] = [0,0]$,
- Evènement possible et certain : $[N(A), \Pi(A)] = [1,1]$,
- Evènement possible mais incertain : $[N(A), \Pi(A)] = [0,1]$.

1.1.3. Indépendance possibiliste

L'indépendance possibiliste est richement traitée par les théoriciens travaillant dans cet axe de recherche(Amor *et al.*, 2007). Parmi une variété de définitions, nous citons deux définitions qui ont eu un apport important dans la construction des réseaux possibilistes, à savoir:
- Relation de non-intéractivité (Zadeh, 1999) : c'est une relation qui se base sur le conditionnement ordinal. Elle est représentée par :

$$\prod(x \wedge y|z) = \min(\prod(x|z), \prod(y|z)), \forall x, y, z \quad (3.10)$$

- Relation d'indépendance basée sur le produit : c'est une autre représentation de relation qui est donnée par :

$$\prod(x \wedge y|z) = \prod(x|z) \cdot \prod(y|z), \forall x, y, z \quad (3.11)$$

1.2. Réseaux Possibilistes

1.2.1. Fondements des réseaux possibilistes

Les réseaux possibilistes sont construits en se basant sur les principes de la théorie possibiliste. Ils sont considérés comme une alternative des modèles graphiques probabilistes. En effet, plusieurs travaux actuels traitant ces réseaux ne sont qu'une adaptation des réseaux probabilistes dans un cadre possibiliste (Dubois et Prade, 2012).

Les réseaux possibilistes (Benferhat *et al.*, 2012) (Borgelt *et al.*, 2002), dénotés généralement $\prod G$, sont représentés graphiquement par des graphes acycliques orientés (DAG) tout comme les réseaux bayésiens. Les nœuds correspondent à des variables qui encodent des relations de causalité entre elles. Un nœud A_j est considéré comme un parent de A_i s'il existe un arc reliant ces deux nœuds. De ce fait, les parents de A_i sont désignés par U_{A_i}.

1.2.2. Construction d'un réseau possibiliste

Les travaux traitant les réseaux possibilistes se concordent dans l'adaptation des réseaux graphiques probabilistes avec une reformulation mathématique dans la distribution des variables par un raisonnement possibiliste. La construction d'un réseau possibiliste repose, comme tout autre modèle graphique, sur un niveau qualitatif et un niveau quantitatif. De ce fait, un graphe possibiliste (G, V) se compose d'un graphe acyclique orienté vers un ensemble de variables $V = \{A_1, A_2, ..., A_N\}$. Ces variables sont quantifiées par des distributions de possibilités conditionnelles. Chaque nœud dispose d'une distribution conditionnelle dépendante du contexte de ses parents. Mathématiquement, un graphe possibiliste est un ensemble de variables V dénoté par $\aleph = (\pi_\aleph, G_\aleph)$ et il est constitué par:

- Une composante graphique dénotée par $G_\aleph$. Les nœuds de ce graphe représentent les variables du domaine et les arêtes encodent les liens entre ces variables.
- Une composante numérique dénotée par $\pi_\aleph$ qui quantifie l'ensemble de liens du réseau.

Pour le nœud racine $A(U_A = \emptyset)$, l'incertitude est représentée par un degré prioritaire possibiliste $\pi_\aleph$ pour chaque instance $a \in D_A$, avec:

$$max_a \pi_\aleph(a) = 1 \qquad (3.12)$$

Pour le reste des nœuds, l'incertitude est représentée par les degrés prioritaires possibilistes notés $\pi_\aleph(A)$ pour chaque instance $a \in D_A$, avec:

$$max_a \pi_{\aleph}(a|U_a) = 1 \text{ pour chaque } U_a \tag{3.13}$$

L'incertitude dans un réseau possibiliste est schématisée dans les nœuds et elle est représentée par des distributions possibilistes locales. Plus précisément, pour chaque variable A_i et pour chaque u_i, $\prod(a_i|u_i)$ est l'élément du produit cartésien des domaines des variables tout en prenant en considération les parents. Le calcul de $\prod(a_i|u_i)$ est itératif pour tous les nœuds D_{A_i} tels que $max_{a_i \in D_{a_i}} = \pi(a_i|u_i)$

Dans La figure 3.1, une reprise de l'exemple bayésien est proposée avec une distribution possibiliste des données π de chaque nœud. La propagation de l'information est conditionnée par la distribution jointe de chaque nœud qui met en évidence les variances des parents avec la règle de chaînage $\pi(x|U_x)$.

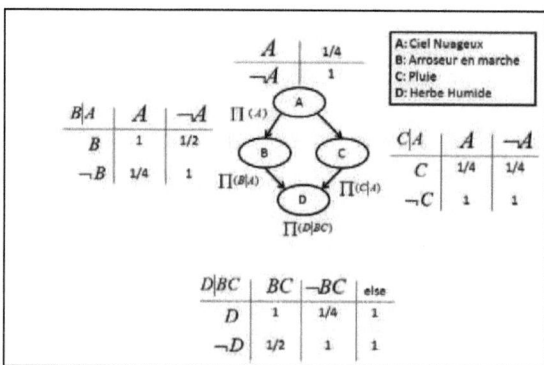

Figure 3.1. *Exemple d'une distribution possibiliste* (**Boughanem *et al.*, 2009**)

1.3. Conditionnement et propagation possibiliste dans un réseau possibiliste

Le conditionnement possibiliste consiste en une modification de la connaissance initiale qui est encodée par la distribution possibiliste π. Ceci est assuré par l'arrivée d'une nouvelle information $\phi \subseteq \Omega$, avec ϕ est une sous classe de ω. Il existe deux types de conditionnement : Le conditionnement basé sur le produit et le conditionnement basé sur le minimum (Benferhat *et al.*, 2012)(Amor *et al.*, 2007).

1.3.1. Conditionnement basé sur l'opérateur Produit

Le conditionnement basé sur l'opérateur produit est très semblable à celui décrit dans les réseaux bayésiens. Il est défini par les deux règles suivantes:
- Si A est une racine, nommée $U_A = \emptyset$, alors $\max(\pi(a_1), \pi(a_2)) = 1$
- Si A possède des parents, $U_A \neq \emptyset$, alors $\max(\pi(a_1|U_A), \pi(a_2|U_A)) = 1$

Par ailleurs, la distribution possibiliste mixte associée aux réseaux possibilistes est calculée en utilisant une règle appelée 'la règle de chaînage possibiliste'. Cette règle est donnée par:

$$\pi_{\prod G}(a_1,..,a_N) = PROD_{i=1,..,n} \prod(a_i|U_{A_i}) \qquad (3.14)$$

Où a_1 est une instance de A_1 et $U_{A_i} \in D_{U_{A_1}}$ est une instance du domaine des parents du nœud A_1. *PROD* désigne l'opérateur produit.

1.3.2. Conditionnement basé sur l'opérateur minimum

C'est un autre formalisme de conditionnement dans un réseau possibiliste, basé sur l'opérateur π. Dans ce cas, π peut être considérée comme le minimum des maximums des projections dans l'ensemble maximal des cliques d'un graphe G. En effet, une évidence est propagée dans un schéma minimum comme suit :

$$\pi_{\prod G}(a_1,..,a_N) = MIN_{i=1,..,n} \prod(a_i|U_{A_i}) \qquad (3.15)$$

Où *MIN* désigne l'opérateur minimum.

1.3.3. Propagation dans un réseau possibiliste

La propagation d'informations dans un réseau possibiliste est considérée comme l'un des traitements les plus intéressants. Cette procédure consiste à évaluer un certain événement sur le reste des variables. Tout comme les réseaux bayésiens, cette propagation se repose sur des algorithmes qui calculent la distribution des possibilités a posteriori de toute variable du réseau sachant une évidence E. Principalement, l'intérêt est dirigé vers les algorithmes d'inférence exacts. Plusieurs propositions sont citées dans la littérature telle que l'algorithme exact de Fonck (Fonck, 1994) et l'algorithme de Borgelt (Borgelt *et al.*, 1998).

Dans plusieurs travaux, la distribution possibiliste est calculée suite à une transformation d'une distribution probabiliste déjà existante (Dubois *et al.*, 1993). Le challenge principal levé dans cette transformation réside dans la préservation des propriétés de ces distributions. Dans le paragraphe suivant, nous introduisons les principes fondamentaux de la transformation probabiliste-possibiliste tout en mettant en valeur les spécifications mathématiques.

1.4. Transformation de la distribution probabiliste en une distribution possibiliste

1.4.1. Idée fondamentale de la transformation

Le problème de la conversion des mesures probabilistes en des mesures possibilistes a été traité dans plusieurs recherches (Dubois *et al.*, 1993). Le point clef de l'élaboration d'une transformation nécessite une connaissance des différences structurelles entre les possibilités et les probabilités. La distribution probabiliste se distingue par une représentation d'additivité en utilisant les propriétés de la structure algébrique (Dubois *et al.*, 1993). Mathématiquement, cette procédure consiste à remplacer toutes les probabilités $p(x)$ par « $x \in E$ », tout en calculant la probabilité $p(E)$. Ceci est assuré par les deux conditions suivantes :

$$\pi_E(s) = 1 \quad Si\ x \in E$$
$$1 - P(E) \quad Sinon$$

$$On\ vérifie\ P(A) \leq \prod_E(A), \forall A$$

(3.16)

Néanmoins, cette transformation marque certaines défaillances dans la perte d'informations lors du passage des probabilités à base de valeurs vers des possibilités à base d'intervalles. A cet égard, une mesure de possibilité peut être considérée comme une fonction de probabilité supérieure (Dubois *et al.*, 2004). Par ailleurs, une information supplémentaire peut être ajoutée lors de cette transformation. Etant donné une probabilité P, une transformation doit préserver les trois conditions suivantes :

- La cohérence probabilité/possibilité $\prod(A) \geq P(A)$,
- Le respect de l'ordre $p(u) \geq p(v)$ qui implique $\pi(u) \geq \pi(v)$,
- La préservation de l'information en supposant que π est aussi spécifique que possible (Dubois et al., 1993).

1.4.2. Principes mathématiques de la transformation probabilités-possibilités

Dans la littérature, Il existe deux approches de transformations d'un cadre probabiliste vers un cadre possibiliste. La première approche applique une double transformation $p \to \pi$ et $\pi \to p$. Ces deux transformations ne sont pas réciproques et elles sont données par:

$$\pi_i + \sum_{j=1}^{n}\{p_j | p_j \le p_i\}, \forall i = 1,..,n \qquad (3.17)$$

$$p_i = \sum_{j=i}^{n} \frac{(\pi_j - \pi_{j+1})}{j} \qquad (3.18)$$

La deuxième approche est fondée sur le principe de cohérence de Dubois et Prade *(Dubois et al., 1993)*. Elle est appelée la transformation symétrique, définie comme suit :

$$p_i = \sum_{j=i}^{n} \min(p_i, p_j) \qquad (3.19)$$

La transformation symétrique utilise la notion de la « somme conditionnelle » qui présente une certaine complexité de calcul. A ce niveau, la transformation est limitée dans la comparaison des deux opérateurs « *min* » et « *somme* ».

2. Recherche d'informations dans un cadre possibiliste

2.1. Raisonnement possibiliste et traitement de l'incertitude et de l'imprécision

Les réseaux possibilistes sont développés pour remédier aux limites des modèles existants dans le traitement d'informations imprécises. Certes, les modèles probabilistes sont adaptés dans le traitement de l'information incertaine mais ils ne peuvent pas être étendus pour gérer convenablement les informations imprécises (Dubois *et al.*, 1993). Cependant, les réseaux possibilistes se présentent comme un modèle graphique adéquat pour les calculs dans un cadre incertain et imprécis. Les notions d'incertitude et d'imprécision ont été expliquées dans la première section du deuxième chapitre.

Dans un contexte de recherche d'informations, des modèles tels que les arbres de décision, les modèles d'influence ou les modèles graphiques bayésiens cherchent à trouver une solution 'pertinente' dans ce cadre incertain. Dans cette même conduite, les réseaux possibilistes s'alignent à ces modèles tout en proposant un nouveau paradigme de résolution. En effet, tous les modèles suscités traduisent la pertinence d'une décision par une valeur unique. Cependant, le raisonnement possibiliste propose une flexibilité dans le traitement de l'information disponible en quantifiant la pertinence d'un résultat de la recherche à travers deux mesures : la nécessité et la possibilité. Prenons l'exemple d'une recherche des cas médicaux, les cas nécessairement pertinents à un cas requête figurent en haut de la liste retournée. Ces cas illustrent l'efficacité du système. Toutefois, les cas possiblement pertinents sont classés après la liste des cas nécessairement pertinents et ils sont perçus comme une réponse éventuelle à la requête utilisateur. Dans le cas où le système ne retourne pas des cas nécessairement pertinents, les cas possiblement pertinents figurent en haut de la liste retournée, cette liste est considérée comme une réponse plausible. Lors de l'application d'un réseau possibiliste dans une problématique de recherche des cas médicaux, le modèle doit être capable de répondre aux interrogations suivantes :

- Est – t – il plausible à un certain degré que le cas O_i constitue une bonne réponse à une requête R_j ?
- Est – il nécessaire à un certain degré que le cas O_i répond à la requête R_j ?
- Le cas O_i est –t –il préférable au cas O_j ?
- L'ensemble de cas $\{O_i, O_j\}$ est – il préférable à l'ensemble de cas $\{O_i, O_k\}$? (Dubois et al., 1997)

2.2. Mesure de similarité dans un cadre possibiliste

La mesure de similarité est une étape fondamentale dans la recherche d'informations. Le traitement de ce concept change d'un cadre de raisonnement à un autre. La mesure de similarité dans un cadre d'incertitude consiste à comparer des informations incomplètes provenant de différentes sources afin de donner la décision la plus adéquate. Ce champ de recherche a fait le sujet de plusieurs travaux pour donner des mesures variées dans le contexte probabiliste ou dans les travaux se situant dans la théorie des ensembles flous(Guezguez et al., 2009). Toutefois, les travaux de recherche qui s'intéressent aux mesures de similarité dans un contexte possibiliste sont rares. Parmi ces travaux, nous mentionnons le travail de Higashi et al. (Higashi et al., 1983), le travail de Kroupa (Kroupa, 2003), la mesure de Sanguesa décrite dans (Sangüesa et al., 1998), la mesure possibiliste InfAff proposée par Jenhani (Jenhani et al., 2007) et la mesure possibiliste temporelle proposée par Juarez et al. dans (Juarez et al., 2009).

2.2.1. Propriétés naturelles de la mesure de similarité

Une mesure de similarité dans un contexte possibiliste doit satisfaire quelques propriétés naturelles (Jenhani et al., 2007). Etant donné un univers de discours $\Omega = \{X_1, X_2, ..., X_N\}$, la mesure de similarité entre deux distributions π_1 et π_2 appartenant à cet univers est notée $Sim(\pi_1, \pi_2)$. La mesure de similarité Sim doit satisfaire les propriétés suivantes :

- Propriété 1. Non négativité : $Sim(\pi_1, \pi_2) \geq 0$,
- Propriété 2. Symétrie : $\forall \pi_1, \pi_2, Sim(\pi_1, \pi_2) = Sim(\pi_2, \pi_1)$,
- Propriété 3. Borne supérieure : $Sim \in [0,1], \forall \pi_i, Sim(\pi_i, \pi_i) = 1$,
- Propriété 4. Limite inférieure : $Sim \in [0,1], \forall \pi_i, Sim(\pi_1, \pi_2) = 0$ si π_1 et π_2 sont deux distributions extrêmement contradictoires.

2.2.2. Etat de l'art des mesures de similarité possibilistes

Parmi les différentes mesures de similarité citées dans la littérature, nous allons présenter les trois mesures les plus appliquées dans les problématiques de recherche d'informations.

2.2.2.1. Mesure de similarité 'Information Closeness'

C'est la première mesure qui quantifie une similarité entre deux distributions possibilistes proposée par Higashi et Klir en 1983 (Higashi et al., 1983) nommée 'proximité d'information' (Information Closeness). La contribution proposée se base sur une fonction G, considérée comme une mesure de distance, utilisant la mesure d'incertitude. La variation d'information entre les deux distributions possibilistes donne une information sur le degré d'approximation entre elles. Etant données deux distributions possibilistes π_1 et π_2, le taux de similarité est donné comme suit :

$$G(\pi_1, \pi_2) = g(\pi_1, \pi_1 \vee \pi_2) + g(\pi_2, \pi_1 \vee \pi_2) \quad (3.20)$$

Où $\vee$ est l'opérateur maximal. Avec, $g(\pi_i, \pi_j) = U(\pi_j) - U(\pi_i)$ et U est la mesure de la non-spécification.

2.2.2.2. Mesure de similarité Sanguesa et al.

Sanguesa propose une autre vision pour l'évaluation d'une distance possibiliste (Sangüesa et al., 1998). La mesure proposée est appliquée dans l'évaluation de la distance entre deux distributions représentant les données d'apprentissage des réseaux causaux possibilistes. L'idée de base consiste à utiliser l'indépendance de l'interprétation comme une similarité d'informations. La mesure de Sangüesa est définie comme suit :

$$distance(\pi_1, \pi_2) = U(|\pi_1 - \pi_2|) \qquad (3.21)$$

Où U est la mesure de non-spécification.

2.2.2.3. Mesure de similarité 'Information Affinitiy' (InfoAff)

La mesure de similarité InfoAff (Information Affinitiy) est proposée par Jenhani et al. dans (Jenhani *et al.*, 2007). Elle se distingue par rapport aux autres mesures par la prise en considération de l'ensemble de propriétés naturelles dans la quantification d'une distance entre deux distributions possibilistes. La démarche de cette mesure requiert l'utilisation de deux fonctions : Premièrement, une fonction de distance classique qui évalue, degré par degré, la différence entre deux distributions possibilistes normalisées. Deuxièmement, une fonction qui prend en compte le concept de l'inconsistance afin d'évaluer le conflit entre les distributions possibilistes en question. Etant données deux distributions possibilistes π_1 et π_2, la mesure de similarité InfoAff est formulée comme suit :

$$InfoAff(\pi_1, \pi_2) = 1 - \frac{d(\pi_1, \pi_2) + Inc(\pi_1, \pi_2)}{2} \qquad (3.22)$$

Où d représente la fonction classique de distance (distance de Manhattan) et $Inc(\pi_1, \pi_2)$ représente la fonction qui évalue le degré d'inconsistance entre π_1 et π_2.

2.3. Critères de décision possibilistes

La décision est un processus extrêmement délicat qui varie d'un contexte à un autre. Dans le cas d'une décision à base de similarité, c'est une comparaison d'un cas requête avec l'ensemble de cas constituant la base de connaissances. Après la phase de mesure de similarité, un ensemble de cas doit être ordonnancé sur la base de leurs pertinences par rapport à un cas requête. Dans un cadre possibiliste, la décision consiste en une estimation de deux mesures possibilistes (la mesure de nécessité et la mesure de possibilité). Etant donnés C_r et C_i désignant ; successivement ; un cas requête et un cas de test, la décision est formulée par :

$$[N(C_i|C_r), \prod(C_i|C_r)], i = 1, 2, \dots, M \qquad (3.23)$$

Avec M est le nombre total de cas existants dans la base de données. Cette estimation est réalisée en introduisant des critères de décision spécifiques au raisonnement possibliste (Amor et al., 2007). Ces critères étant variés, nous citons à titre d'illustration la mesure de possibilité maximale, l'indice de confiance maximale, la mesure de nécessité maximale et la moyenne des mesures de possibilité et de nécessité.

- **Mesure de possibilité maximale**

Ce critère consiste simplement à trier les cas retournés suite à la procédure de recherche en fonction de leurs valeurs de possibilité. Conséquemment, les cas ayant les valeurs de possibilité les plus élevées sont les plus pertinents selon ce critère.

- **Mesure de nécessité maximale**

Ce critère utilise le même principe que le critère précédent en prenant en considération les valeurs de la mesure de nécessité. Ainsi, un cas est considéré compatible à un cas requête si sa mesure de nécessité est élevée.

- **Indice de confiance maximal**

L'indice de confiance maximal combine les valeurs de la mesure de possibilité et la mesure de nécessité sur un intervalle [-1,1]. C'est un indice qui valorise ces deux mesures pour une décision plus adéquate. La confiance maximale est donnée par :

$$Ind(C_i|C_r) = (\prod(C_i|C_r) + N(C_i|C_r)) - 1 \qquad (3.24)$$

- **Moyenne des mesures de possibilité et de nécessité**

Cet indice combine les mesures de possibilité et de nécessité pour donner une moyenne notée ψ. En effet, cet indice est calculé sur un intervalle [0,1] et il est donné par :

$$\psi(C_i|C_r) = \frac{\prod(C_i|C_r) + N(C_i|C_r)}{2} \qquad (3.25)$$

Par ailleurs, l'ordonnancement des cas les plus similaires à un cas requête est décidé sur la base de ces moyennes.

2.4. Etat de l'art de la recherche d'informations basées sur les modèles possibilistes

Dans les dernières années, des travaux de recherche traitent les connaissances dans les systèmes de recherche d'informations avec une nouvelle vision possibiliste. Dans ce qui suit, nous citons quelques travaux se reposant sur les modèles possibilistes tout en mettant l'accent sur les problématiques traitées et les spécificités techniques de chacun d'eux.

Premièrement, nous citons le modèle possibiliste proposé par Brini dans (Boughanem et al., 2009) qui traite une problématique de recherche des documents par les termes pertinents. Les termes sont représentés par un réseau naïf possibiliste. Les arcs entre les nœuds dans ce réseau relient les termes à un document suivant une relation de dépendance quantifiable. Ben Farhat décrit dans (Benferhat et al., 2011) des réseaux causaux pour le traitement des interventions. La contribution principale de ce travail est la proposition d'un nouvel algorithme de propagation se basant sur l'opérateur 'DO' proposé par Pearl (Pearl, 2000). De son côté, le travail proposé dans (ELAYEB, 2010) décrit un système multi-agents de recherche d'informations sur Internet, nommé "SARIPOD", combinant deux Réseaux Petits Mondes Hiérarchiques (RPMH) via des réseaux possibilistes. Egalement, une nouvelle approche d'aide à la décision pour l'amélioration de la qualité des services publiques basée sur un diagramme d'influence possibiliste est présentée dans (Guezguez et al., 2009). C'est une extension des diagrammes d'influence dans l'environnement possibiliste. Dans la même lignée, une mesure de similarité temporelle dans un processus de raisonnement à base de cas est proposée par Juarez dans (Juarez et al., 2009). L'objectif de cette contribution est de modéliser les relations temporelles incertaines qui existent dans les séquences d'évènements hétérogènes. Aussi, Alsun a proposé dans (Alsun et al., 2012) un modèle possibiliste d'aide à la décision basé sur le diagnostic. Cette contribution modélise le raisonnement possibiliste suivant deux approches : le raisonnement par classification et le raisonnement par similarité.

3. Proposition d'une mesure de similarité basée sur la correspondance graphique des signatures issues d'une inférence possibiliste

3.1. Description de l'idée

Une approche de recherche proposée dans le cadre possibiliste consiste à trouver la 'pertinence' d'une information dans un cadre incertain. Les propriétés déterminantes du cadre possibiliste valorisent un aspect de flexibilité dans le traitement de l'information. L'étape de la décision dans le processus de recherche d'informations est assurée par les principes de la propagation possibiliste. La procédure de la propagation dans chaque classifieur possibiliste peut être vue comme une réponse à l'interrogation sur le degré de pertinence d'un cas requête par rapport à une classe tumeur donnée. La mesure de similarité est calculée en se basant sur les paramètres récupérés dans la phase de classification. La démarche de cette mesure dans le cadre possibiliste est illustrée dans la figure 3.2.

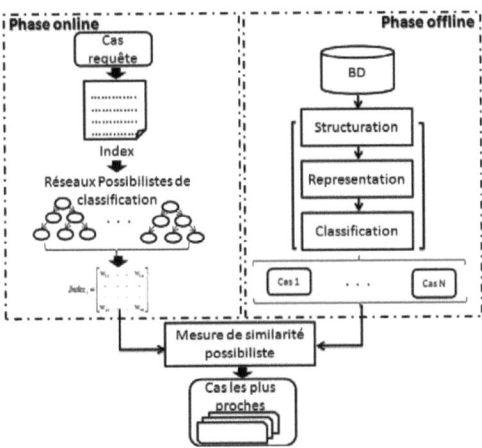

Figure 3.2. *Démarche de l'approche de la recherche proposée dans le cadre possibiliste*

Nous valorisons particulièrement quelques points bien définis afin d'assurer la pertinence et la fiabilité de l'approche de recherche et de décision proposée. Ces points sont discutés dans ce qui suit.

3.1.1. Propagation possibiliste

L'évaluation d'une requête est assurée principalement par la propagation d'informations à travers le réseau possibiliste. La topologie d'un réseau est un modèle adéquat pour la propagation d'informations entre les nœuds via les arcs. L'instanciation de la requête dans le réseau donne un degré de pertinence vis-à-vis d'un problème de recherche. Les algorithmes cités dans la littérature consistent en une adaptation directe des méthodes exactes (Borgelt *et al.*, 1998). Dans ce travail, nous avons choisi d'appliquer les principes de l'algorithme de propagation basé sur l'opérateur produit.

3.1.2. Deux mesures : pertinence possible et pertinence nécessaire

Dans les deux approches bayésiennes décrites dans le chapitre précédent, la décision se base sur les mesures probabilistes déduites de l'inférence bayésienne. Ainsi, la pertinence est calculée à partir d'une valeur unique. Cependant, la décision prise suite à la propagation possibiliste est calculée à travers deux critères : la pertinence possible et la pertinence nécessaire. Dans le contexte de recherche des cas similaires, la pertinence possible donne l'information sur l'inutilité d'une requête tandis que la pertinence nécessaire donne le degré de certitude sur l'utilité d'une requête.

3.1.3. Pondération des nœuds les plus prioritaires

La propagation possibiliste fait intervenir l'ensemble de nœuds constituant un modèle possibiliste. Nous introduisons dans ce processus une pondération d'un ensemble réduit des nœuds dans l'ensemble des classifieurs possibilistes. Dans un contexte réel, un ensemble de descripteurs réduit sélectionné est considéré comme une information prioritaire. Un nœud représentant un attribut prioritaire aura un impact supérieur sur la décision finale par rapport à un nœud ordinaire. Cet aspect est pris en considération dans le modèle possibiliste conçu.

3.1.4. Gestion des informations manquantes

Lors de l'évaluation de la mesure de similarité dans un contexte probabiliste bayésien (chapitre 3), nous avons constaté l'influence des informations manquantes sur la dégradation de la pertinence des résultats de la recherche. Ce facteur a été richement discuté dans les travaux comparant le raisonnement probabiliste bayésien au raisonnement possibiliste. En effet, la modélisation des informations manquantes est un atout du raisonnement possibiliste (Sun *et al.*, 2010). Cet avantage sera valorisé dans cette démarche afin d'accroitre la pertinence des résultats de recherche retournés.

3.1.5. Décision : les k possibles cas, les plus proches à un cas requête

La phase de décision qui succède à la phase de classification est l'étape cruciale dans notre approche de recherche. Pareillement à la classification, nous exploitons les principes du cadre possibiliste dans la prise de la décision. La performance de la mesure de similarité possibilistes dépend de la manipulation correcte des paramètres récupérés lors de la phase de classification. Dans ce qui suit, nous allons présenter les deux étapes principales de cette approche possibiliste de recherche : l'étape de classification et l'étape de mesure de similarité.

3.2. Réseau possibiliste pour la représentation et la classification des tumeurs cérébrales

Dans cette section, nous allons décrire le modèle de classification à incorporer dans l'approche de recherche. Les mêmes idées détaillées dans le chapitre précédent sont reproduites dans un cadre possibiliste. La représentation graphique est reprise typiquement tandis que la distribution des variables est formulée en utilisant les principes possibilistes. Concernant l'inférence des évidences, des algorithmes de propagation d'informations sont proposés tels que la propagation de Dubois et Prade. A titre d'illustration, nous citons l'algorithme de Fonck ainsi que l'outil de propagation dans les réseaux possibilistes non-orientés proposé par Krus et Borgelt (Gebhardt *et al.*, 1997).

3.2.1. Construction de la structure

La construction d'un réseau possibiliste pour la classification est semblable à celle du réseau probabiliste bayésien décrite dans la troisième section du deuxième chapitre. Nous proposons de travailler avec un cas requête à injecter dans le réseau possibiliste, noté C_r. Le réseau possibiliste G est définit par un ensemble de variables $D_j, j = (1, .., N)$. Chaque variable est éprésentée par un ensemble fini k d'états, avec $k = \{1, .., K\}$. Chaque nœud du réseau possibiliste représente une variable. Ces nœuds sont reliés par des arcs de dépendance dans un sens qui permet une propagation d'informations. Cette structure permet d'assurer une dépendance directe de chaque variable à son nœud parent qui est le nœud racine D.

3.2.2. Initialisation des valeurs des nœuds

3.2.2.1. Distribution possibiliste des valeurs de descripteurs

La distribution des paramètres dans le modèle conçu est basée sur la théorie des possibilités détaillée dans la section 3.2. Une distribution possibiliste normalisée exprime qu'un des états est totalement possible, ce qui se traduit par la condition suivante :

$$max \prod(X) = 1 \qquad (3.26)$$

Dans ce travail, nous avons choisi d'utiliser la propagation possibiliste basée sur l'opérateur produit. Cette distribution, notée par π_p, est obtenue par la règle de chaînage qui est donnée par l'équation suivante :

$$\pi_p(D_1,\ldots,D_N) = PROD_{i=1,\ldots,N} \prod(D_i|PARENT_{D_i}) \tag{3.27}$$

Où *PROD* désigne l'opérateur Produit.

3.2.2.2. Possibilité a priori d'un descripteur

Il est possible qu'une information ne soit pas disponible dans la classification d'un cas donné. Dans cette situation, la possibilité a priori d'un nœud qui représente un descripteur manquant est uniforme et elle est donnée comme suit :

$$\prod(d_j) = \prod(\overline{d_j}) = 1 \tag{3.28}$$

Cette représentation est unique pour les réseaux possibilistes et elle est différente à celle décrite dans le réseau bayésien. Nous avons indiqué antérieurement que nous reproduisons la même démarche décrite dans le contexte bayésien (présentée dans le chapitre précédent). Pour assurer cela, nous allons transformer toutes les variables dans le cadre bayésien (distribution probabiliste) en des variables dans le cadre possibiliste (distribution possibiliste). Dans ce travail, nous avons choisi d'utiliser la transformation bijective proposée par Dubois et Prade puisqu'elle a marqué de bons résultats dans plusieurs références tout en se distinguant par une implémentation simple (Mouchaweh *et al.*, 2002).

3.2.3. Application de la transformation Dubois et Prade dans la distribution des paramètres d'un réseau possibiliste

Le principe de transformation du Dubois et Prade est appliqué sur une distribution d'un nombre fini de probabilités, nous parlons ici d'une transformation variable (TV) (Dubois *et al.*, 2004). Cette procédure permet d'ajuster la spécification de la distribution tout en vérifiant les conditions de cohérence de Dubois et Prade.

Etant donnée une distribution de probabilité $p = (p_1,\ldots,p_i,\ldots,p_n)$ ordonnée comme suit $p_1 > p_2 > \ldots > p_n$, en se basant sur la transformation du Dubois et Prade, une distribution possibiliste $\pi = (\pi_1,\ldots,\pi_i,\ldots,\pi_n)$ doit garder le même ordre $\pi_1 > \pi_2 > \ldots > \pi_n$. Chaque possibilité est donnée par :

$$\pi_i = \left(\frac{p_i}{p_1}\right)^{k(1-p_i)}, \forall i = 1,2,\ldots,n \tag{3.29}$$

Un ensemble des inégalités doit être vérifié afin de garder l'intégralité comme suit :

$$\pi_i = \left(\frac{p_i}{p_1}\right)^{k(1-p_i)} \geq p_i, \forall i = 1,2,..,n \quad (3.30)$$

La réalisation d'une transformation intégrale doit admettre la condition de cohérence de Dubois et Prade, donnée comme suit :

$$0 \leq k_i \leq \frac{\log(p_i + p_{i+1} +..+p_n)}{(1-p_i)\log\frac{p_i}{p_1}} \forall i = 1,2,..n \quad (3.31)$$

Afin de s'assurer de la validité des informations lors d'une transformation, Dubois et Prade proposent le principe de la condition de cohérence. La condition du principe de cohérence vérifie si une distribution de probabilité peut être traduite en une distribution possibiliste π sur un domaine $w = \{w_1,.., w_n\}$ comme suit :

$$\forall A \subseteq \Omega, \prod(A) \geq P(A) \; Cas \; Continu$$
$$\forall w_i \in A, \pi(w_i) \geq p(w_i) \; Cas \; Discet \quad (3.32)$$

Davantage, des critères d'évaluation sont utilisés afin d'orienter les choix à entreprendre dans une transformation. Ces choix dépendent du type d'informations du problème ainsi que les propriétés à vérifier. Nous avons sélectionné trois critères parmi une longue liste citée dans la littérature. Ces trois critères sont présentés dans ce qui suit.

- **Critères de normalisation**

Le premier critère valide la distribution transformée si elle est normalisée quelle que soit la distribution originale. Les distributions possibilistes π et probabilistes p sont normalisées si la condition suivante est vérifiée :

$$\exists w \in \Omega \; telque \; \pi_v(w) = 1; \sum_{i=1}^{n} p_v(w_i) = 1 \quad (3.33)$$

- **Critères de maximum de spécificité**

Le deuxième critère cherche la meilleure distribution suite à une transformation en termes de l'information ajoutée. La distribution qui maximise l'information ajoutée est gardée, elle est donnée comme suit :

$$\exists u \in \Omega: \pi(u) = 1, \forall w \neq u \in \Omega: \pi(w) = 0 \quad (3.34)$$

- **Critère de conservation de la forme**

Ce critère vérifie la conservation de la forme initiale dans la distribution probabiliste. Deux critères sont appliqués à ce niveau : la conservation faible et la conservation forte. Les deux critères sont définis, successivement, comme suit :

$$\forall w, u \in \Omega, p(w) > p(u) \Leftrightarrow \pi(w) > \pi(u) \tag{3.35}$$

$$\forall w, u \in \Omega$$
$$p(w) = p(u) \Leftrightarrow \pi(w) = \pi(u)$$
$$p(w) > p(u) \Leftrightarrow \pi(w) > \pi(u) \tag{3.36}$$
$$p(w) < p(u) \Leftrightarrow \pi(w) < \pi(u)$$

3.3. Classification possibiliste des tumeurs cérébrales basée sur la propagation possibiliste

3.3.1. Principes de la classification

La classification à base de réseaux possibilistes est un champ de recherche récent qui n'est pas encore exploré amplement. Le modèle graphique possibiliste standard appliqué dans une problématique de classification est composé d'un ensemble d'attributs observés et cachés $\{A_1, A_2, \ldots, A_i, \ldots, A_N\}$ et d'un nœud résultat C_k qui définit la classe cible de la requête. La décision d'appartenance se fait suite à la propagation de l'ensemble d'évidences dans le réseau. Ainsi, l'instance représentant la classe la plus plausible est déduite en se basant sur la formule suivante :

$$c = argmax_{C_k \in D_c} (\prod (c_k | a_1, a_2, \ldots, a_n)) \tag{3.37}$$

La tâche de classification engendre généralement un niveau d'incertitude qui se manifeste par des informations manquantes. Dans notre situation, cet aspect marque le domaine de connaissances traité puisque les attributs représentant un cas médical sont couramment incomplets. Dans un cadre possibiliste, cette incertitude par rapport à un attribut manquant a_i est représentée par une distribution possibiliste $\pi'(a_i)$.

Dans cette situation, les attributs évidents (avec des valeurs connues) vont être représentés avec le même principe de représentation des attributs incertains. Par ailleurs, il faut faire appel à un conditionnement bien spécifique pour prendre en considération ce niveau d'incertitude.

Le conditionnement consiste à normaliser les possibilités des attributs incertains sur un ensemble d'événements exclusifs et exhaustifs en suivant un codage déterminé. Nous mentionnons dans ce contexte la règle de conditionnement de Jeffrey (Jeffrey, 1990), proposée initialement dans la normalisation des distributions probabilistes.

Nous supposons avoir π une distribution possibiliste ainsi que $(\lambda_1, \alpha_1), \ldots, (\lambda_n, \alpha_n)$ un ensemble d'évènements exhaustifs et mutuellement exclusifs avec $\max_i(\alpha_i) = 1$. L'incertain sur ces évènements est représenté par $\prod'(\lambda_i) = \alpha_i$. L'application de la règle de Jeffrey sur une distribution possibiliste doit maintenir les propriétés définissant l'incertitude sur les évènements λ_i. Ceci est donné par :

$$(1) \forall \lambda_i \in \Omega, \forall \phi \subseteq \Omega, \prod{'}(\phi|\lambda_i) = \Pi(\phi|\lambda_i) \tag{3.38}$$

$$(2) \forall \lambda_i, \prod{'}(\phi|\lambda_i) = \alpha_i \tag{3.39}$$

3.3.2. Evaluation d'une requête dans un réseau possibiliste

L'évaluation de la requête est effectuée par le processus de propagation (Amor et al., 2003) qui consiste en une injection des évidences dans les nœuds observés pour déclencher la propagation d'informations entre les autres nœuds qui leurs sont dépendants. L'objectif de cette propagation est d'évaluer la pertinence du cas requête par rapport aux différentes classes de tumeur, représentée chacune par un classifieur possibiliste. Afin d'évaluer le degré d'appartenance d'un cas requête à une classe tumeur, nous avons choisi de reprendre le principe de la quantification de la pertinence proposée par Brini et Dubois (Brini et al., 2005).

Comme nous avons indiqué dans la section 3.3, les réseaux possibilistes se distinguent par la bonne modélisation de la pertinence d'une requête et ceci selon deux dimensions : la nécessité et la possibilité. Le modèle possibiliste de classification doit être capable de répondre à ces deux interrogations :

- 'La classe tumeur C_i est – t – elle pertinente pour le cas requête Q?' Cette pertinence est possible à un certain degré qui est quantifié par $\prod(C_i|Q)$,
- 'La classe tumeur C_i est – t – elle pertinente pour le cas requête Q?', cette pertinence est certaine à un degré qui est quantifié par $N(C_i|Q)$

Ainsi la propagation de l'information possibiliste sert à évaluer les valeurs de ces deux dimensions comme suit :

$$\Pi(C_i|Q) = \Pi_{j=1}^{N} \Pi(Q|d_j) \tag{3.40}$$

Et

$$N(\frac{C_i}{Q}) = \prod_{j=1}^{N} \prod 1 - (Q|\bar{d}_j) \tag{3.41}$$

Contrairement au modèle bayésien, la décision est prise après la combinaison de ces deux dimensions. Par conséquent, le degré de possibilité final de l'appartenance d'un cas requête à une tumeur cérébrale est déduit à partir de la fusion des scores de ces deux dimensions comme suit :

$$\Pi(Q) = \max(\Pi(Q|C_i), \Pi(Q|\bar{C}_i)) \tag{3.42}$$

Ainsi, les valeurs de ces deux dimensions sont transformées dans des intervalles de décision afin de simplifier cette tâche.
- Impossible : une requête à rejeter, lorsque $\Pi(C_i|Q) = 0$ et $N(C_i|Q) = 0$,
- Pas tout à fait possible et non nécessaire : lorsque $\Pi(C_i|Q) \in [0,1]$ et $N(C_i|Q) = 0$,
- Complètement possible et non nécessaire : lorsque $\Pi(C_i|Q) = 1$ et $N(C_i|Q) = 0$,
- Complètement possible et pas tout à fait nécessaire : lorsque $\Pi(C_i|Q) = 1$ et $N(C_i|Q) \in [0,1]$,
- Décision certaine : quand $\Pi(C_i|Q) = 1$ et $N(C_i|Q) = 1$.

3.3.3. *Pondération des nœuds prioritaires*

La propagation possibiliste modifie les nœuds du réseau lors de l'injection des évidences (certaines et incertaines). Ordinairement, tous les nœuds sont estimés égaux en termes d'importance et d'influence sur la variation du nœud résultat. Toutefois, nous considérons que les descripteurs introduits dans la décision sont inégaux avec un degré d'influence variant. Etant donné un ensemble initial d'attributs observés $A = \{a_1, a_2, \ldots, a_n\}$, un sous ensemble restreint $A_{Prior} = \{a_{p_1}, a_{p_2}, \ldots, a_{p_m}\}$ est déduit avec $m \leq n$ pour attribuer une pondération à chaque attribut de cet ensemble. Par ailleurs, une pondération α est attribuée à un ensemble réduit de nœuds qui sont considérés comme des nœuds prioritaires. Cette pondération contribue à mieux orienter l'évaluation d'une requête décrite par un ensemble de descripteurs qui peuvent être incomplets.

3.4. Processus de mesure de similarité

3.4.1. Description de l'idée

En supposant avoir deux vecteurs de descripteurs représentant respectivement deux cas médicaux à confronter, la décision sur le degré de ressemblance est assurée par une mesure de similarité calculée sur la base d'un ensemble de paramètres provenant des réseaux possibilistes de classification. Ce degré de similarité ; noté $Sim(C_r, C_i)$; va représenter notamment le score de la correspondance entre les deux cas en question. Le principe de la correspondance est semblable à celui décrit dans l'approche de similarité dans le cadre bayésien. Tout au long du processus de correspondance, nous utilisons les deux dimensions pour quantifier la pertinence : la mesure de similarité possibiliste et la mesure de similarité nécessaire, définies comme suit :

- $Sim_\Pi(C_r, C_i)$: représente la mesure de similarité possibiliste entre C_r et C_i.
- $Sim_N(C_r, C_i)$: représente la mesure de similarité nécessaire entre C_r et C_i.

3.4.2. Construction de la signature d'un cas

Après une procédure de classification, nous récupérons un ensemble de paramètres suite à la propagation possibiliste. Outre le degré d'appartenance à la classe tumeur, nous introduisons les distributions possibilistes d'un ensemble réduit de nœuds représentant les attributs prioritaires dans le processus d'interprétation médicale. $P = \{p_1, .., p_m\}, i = 1, .., m$

Etant donné $P = \{p_1, .., p_m\}, i = 1, .., m$, l'ensemble des nœuds prioritaires extraits des classifieurs possibilistes sur l'ensemble de tumeurs $T = \{1, .., t\}$, la signature d'un cas donné Q, construite sur la base de ces paramètres, est donnée par:

$$Index_Q = \begin{bmatrix} w_1^1 & \cdots & w_m^1 \\ \vdots & \ddots & \vdots \\ w_1^T & \cdots & w_m^T \end{bmatrix} \quad (3.43)$$

Où w_i^j représente la distribution possibiliste du nœud prioritaire i issu du classifieur de la tumeur j.

3.4.3. Confrontation possibiliste entre deux cas médicaux

L'étape finale de ce processus vise à calculer le score de similarité des cas testés C_r et C_i par l'intervention des deux degrés de possibilité et de certitude. Cette confrontation est établie deux à deux afin d'estimer le couple possibiliste $[\Pi(C_i|Q), N(C_i|Q)]$ pour chaque cas dans la base de données. Dans ce travail, nous utilisons deux critères de décision parmi les critères énumérés dans la section 3.2 : le premier critère est la moyenne des mesures de possibilité $\psi(C_i|C_r)$ et de nécessité et le deuxième critère est l'indice de confiance maximale $Ind(C_i|C_r)$. La décision finale est donnée suite à la fusion des valeurs de ces deux critères pour chaque cas de test provenant de la base de données. Cette fusion est donnée par :

$$Sim(C_i|C_r) = \sum_{i=1}^{N} \frac{\psi(C_i|C_r) + Ind(C_i|C_r)}{2} \qquad (3.44)$$

Où N représente le nombre de type des tumeurs.

Finalement, les scores les plus réduits représentent les cas archivés les plus similaires au cas requête. L'interprétation du cas requête sera emprunté de l'ensemble d'interprétations des cas les plus similaires.

4. Résultats Expérimentaux

4.1. Description des données et des protocoles d'évaluation

Dans ce qui suit, nous allons présenter et discuter la performance de l'approche possibiliste dans les deux étapes de classification et de mesure de similarité. Le protocole d'évaluation est constitué de trois séries d'expérimentations diversifiées visant à interpréter la performance de l'approche possibiliste dans des situations de décision conflictuelles.

Dans ces protocoles d'évaluation, nous allons utiliser la même base de cas médicaux contenant des tumeurs cérébrales appliquée dans le chapitre précédent. La répartition des classes tumeurs est mentionnée dans la section 5.2 du premier chapitre. Dans les tableaux des résultats, nous proposons la notation POSS-SIGN pour les tests se référant à l'approche possibiliste. Les notations utilisées dans les expérimentations du chapitre 3 sont reprises dans les séries expérimentales courantes (SIGN-COMP et PROPAG-TREE).

Outre que les boites à outils et les bibliothèques utilisées dans le cadre probabiliste (voir section 6.1 dans le deuxième chapitre), nous avons utilisé la boite à outils PNT (Possibilistic Networks Toolbox) qui est composée d'un ensemble de bibliothèques pour la construction des réseaux possibilistes (Amor *et al.*, 2007).

4.2. Evaluation du modèle de classification possibiliste

Dans la première série d'évaluation, l'objectif est de tester et de comparer les deux modèles de classification : le modèle bayésien et le modèle possibiliste. Nous rappelons que la démarche de recherche se repose principalement sur l'efficacité du module de classification modélisé. Les performances des deux modèles sont comparées dans le tableau 3.1 en termes d'indices de précision, de rappel et de F-mesure.

Tableau 3.1. *Comparaison des taux de précision et de retour du modèle de classification possibiliste et du modèle de classification bayésien (%)*

Classe	Modèle possibiliste			Modèle bayésien		
	Précision	Retour	F-mesure	Précision	Retour	F-mesure
Métastase	88,9	44,4	76,6	81,5	39,3	59,9
Astrocytome pilocytique	59,1	41,9	57,2	81,8	30,5	40,5
Glioblastome	58	61,7	135,2	76	42,2	67,5
Oligodendrogliome	73,3	14,5	14,7	20	25	12,5
Lymphome	87,5	42,4	69,6	56,3	36	42,7
Gliome de bas grade	78,3	46,2	77,6	78,3	40,9	62,7
Meningiome	55,6	12,8	10,8	44,4	22,2	18,3
Taux moyen %	71,5	35,7	63,1	69,2	36,9	58,2

Les chiffres dressés sur ce tableau démontrent une performance claire du modèle possibiliste dans la tâche de classification. Cette constatation concerne toutes les classes de tumeurs testées. En effet, cette performance est expliquée par le principe de la distribution des possibilités dans un réseau de classification possibiliste. Ce principe, qui modélise l'information avec deux grandeurs : la nécessité et la possibilité, permet de prendre en compte le niveau de l'ignorance ainsi que la pertinence de l'information incertaine.

4.3. Evaluation de l'approche de mesure de similarité et de recherche

La deuxième évaluation vise à comparer la performance de la méthode de mesure de similarité possibiliste par rapport aux deux méthodes utilisant le cadre bayésien (présentées dans la cinquième et la sixième section du deuxième chapitre) ainsi que les méthodes de similarité s'appuyant sur des distances classiques.

4.3.1. Evaluation de la précision et du taux de retour

Les propriétés de cette évaluation sont conformes à celle décrite dans le paragraphe 3.6.2. Nous présentons les résultats de cette série d'expérimentations dans le tableau 3.2. Chaque ligne de ce tableau représente une itération de la validation croisée sur la base des données disponibles (notée Cross). Dans cette série, nous comparons l'approche POSS-SIGN avec les deux approches du cadre probabiliste (SIGN-COMP et PROPAG-TREE). La comparaison de la performance des résultats est faite sur la base de deux indices : la précision et le taux de retour.

Tableau 3.2. *Comparaison des indices de performance dans le cadre de la recherche des cas entre la méthode POSS-SIGN, SIGN-COMP et PROPAG-TREE (%)*

	POSS-SIGN		SIGN-COMP		PROPAG-TREE	
Indice	Précision	Retour	Précision	Retour	Précision	Retour
1er Cross	75	36,6	85	30,4	85	30,4
2ème Cross	75	25,4	80	27,1	70	23,7
3ème Cross	75	30,6	85	43,6	75	38,5
4ème Cross	70	21,5	70	21,5	75	23,1
5ème Cross	75	21,7	85	25,8	85	25,8
Taux moyen	74	27,17	81	29,7	78	28,3

Davantage, les résultats de cette évaluation sont illustrés sur la figure 3.3.

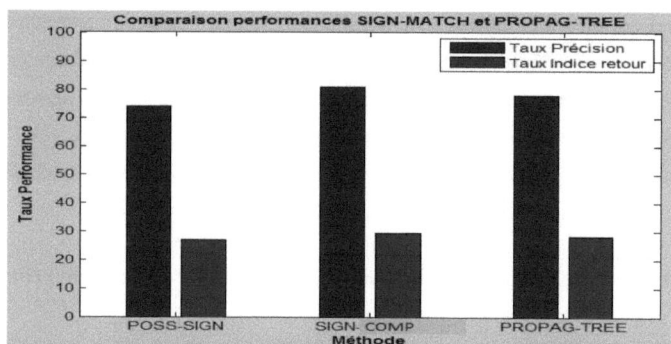

Figure 3.3. *Une comparaison des indices de performance entre la méthode POSS-SIGN, SIGN-COMP et PROPAG-TREE*

Comme c'est indiqué sur cette figure, l'approche bayésienne SIGN-COMP marque les meilleurs résultats (précision moyenne = 81%, taux de retour moyen=29,7%), tout en dépassant l'approche PROPAG-TREE (précision moyenne= 78%, taux de retour moyen=28,3%) et l'approche possibiliste POSS-SIGN (précision moyenne=74%, taux de retour moyen=27,17%). Ces résultats concernent les tests avec des cas requêtes décrits par des données complètes pour une fenêtre de retrouvaille égale à dix.

4.3.2. Evaluation de la robustesse

Dans cette série d'expérimentations, nous allons tester et comparer la robustesse de l'approche POSS-SIGN avec les deux approches SIGN-COMP et PROPAG-TREE. Nous proposons de travailler avec des niveaux d'incertitude. Chaque niveau est défini par la suppression d'un ensemble de valeurs, choisi aléatoirement à partir du vecteur de descripteurs initial représentant un cas requête. La formule du degré des informations manquantes est donnée dans le paragraphe 6.3 du troisième chapitre. La figure 3.4 illustre la variation de la performance des trois approches comparées.

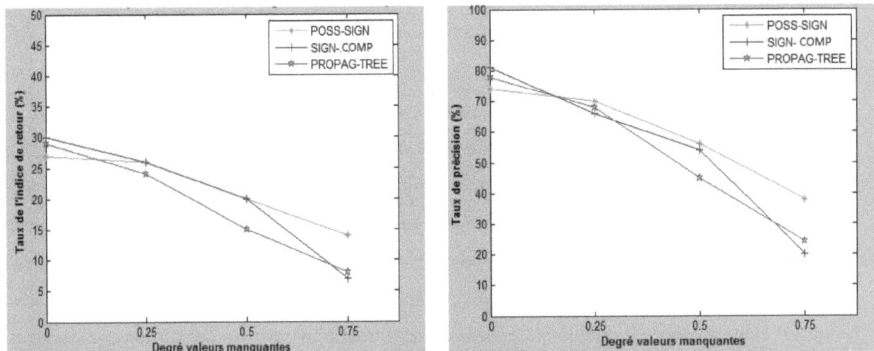

Figure 3.4. *Variation du taux de robustesse en fonction des degrés des valeurs manquantes des méthodes POSS-SIGN, SIGN-COMP et PROPAG-TREE (à droite taux de précision et à gauche taux de l'indice de retour).*

L'approche possibiliste se distingue par le meilleur traitement des situations où les données sont incomplètes. Par exemple, une précision de 39% pour une fenêtre de dix cas est atteinte en indiquant simplement 25% des descripteurs, contre 24% pour l'approche PROPAG-TREE et 20% pour l'approche SIGN-COMP.

4.3.3. Evaluation du temps de réponse

Le tableau 3.3 compare le temps de réponse moyen nécessaire pour sélectionner les cas les plus proches à un cas requête de l'approche POSS-SIGN avec l'approche PROPAG-TREE. Cette dernière a marqué les meilleurs résultats en termes de temps de réponse dans les expérimentations décrites dans le chapitre 3. Ce temps est décomposé de deux étapes de calcul : le temps de classification et le temps de réponse de similarité et de recherche. Tous les calculs sont effectués avec un processeur intel 64-bit cadencé à 2 Ghz et 3 Go de mémoire.

Pour les deux approches testées, le temps alloué à l'étape de classification et de construction de l'index est le plus majoritaire et il dépasse de loin le temps nécessaire pour la mesure de similarité et la décision.

Tableau 3.3. *Temps de réponse moyen de recherche en secondes (s)*

	Temps de classification	Calcul de similarité et recherche	Temps total
PROPAG-TREE	3.2s	0.3s	3.5s
SIGN-COMP	3s	0.2s	3.2s

4.4. Discussion

L'approche proposée dans ce chapitre repose sur les réseaux possibilistes, intégrant les formalismes possibilistes et la représentation graphique. Ces réseaux nous ont permis de modéliser la problématique de recherche et de décision traitée dans un cadre possibiliste. Ce cadre est présenté dans la littérature comme une solution intéressante pour traiter convenablement les situations d'incertitude et d'imprécision. Dans les séries d'expérimentations, l'approche située dans le cadre possibiliste a été comparée avec deux approches proposées dans le chapitre précédent, appliquant les formalismes bayésiens, ainsi qu'avec un ensemble de méthodes de mesure de similarité basées sur des distances classiques. L'approche POSS-SIGN confirme une bonne performance prouvée par les résultats réalisés dans les séries expérimentales diversifiées.

La phase expérimentale comprend deux étapes d'évaluations. La première évaluation compare la performance du modèle de classification possibiliste avec celle du modèle de classification bayésien. D'après le tableau 4.1, la pertinence des résultats de classification dans le modèle possibiliste est meilleure. A titre d'exemple, la précision moyenne du classifieur possibiliste est de 71,5% tandis qu'elle est à 58,9% pour le classifieur probabiliste. Cette constatation concerne tous les indices d'évaluation de la performance des classifieurs. La deuxième évaluation vise à évaluer la performance des résultats de recherche des dossiers médicaux similaires. Trois séries de tests sont proposées dans cette évaluation. Premièrement, les résultats de recherche de l'approche POSS-SIGN sont comparés aux deux approches de recherche proposées dans le cadre bayésien. Comme c'est indiqué sur le tableau 4.2 et la figure 4.6, l'approche POSS-SIGN est plus performante que l'approche PROPAG-TREE mais elle n'arrive pas à dépasser les performances marquées par l'approche SIGN-COMP.

Deuxièmement, nous avons évalué un aspect particulièrement important dans la recherche des cas dans un domaine médical, qui est l'impact des descripteurs indisponibles sur la performance. Ainsi, un test de robustesse est effectué dans cette série en variant chaque fois le nombre de descripteurs absents représentant un cas requête. Comme c'est illustré sur la figure 4.6, l'approche possibiliste se distingue par la bonne gestion des situations où les données sont incomplètes. Ces résultats approuvent les observations dans la bibliographie qui démontrent la fiabilité des réseaux possibilistes dans le traitement de l'incertitude et l'imprécision dans les problèmes d'aide à la décision. La troisième série mesure le temps de réponse nécessaire pour assurer une procédure de recherche. Ainsi, la même constatation observée dans le paragraphe 3.6.3 est confirmée dans cette expérimentation. En effet, le temps alloué à la phase de la classification demeure le plus majoritaire du temps total d'une exécution. Le temps de réponse constaté par l'approche possibiliste POSS-SIGN (3.2 secondes) est légèrement inférieur à celui de l'approche bayésienne PROPAG-TREE (3.5 secondes).

Nous constatons, alors, que les deux contextes de recherche proposés ont chacun leurs avantages. Les approches bayésiennes sont plus performantes quand la description d'un cas introduit est complète. Cependant, le choix est orienté vers l'approche possibiliste quand le degré d'imprécision est important.

Conclusion

Dans ce chapitre, nous avons proposé une approche de recherche des cas médicaux basée sur les réseaux graphiques possibilistes. L'approche proposée est testée sur une base de cas médicaux contenant des tumeurs cérébrales. A partir des propriétés du réseau possibiliste, qui est une fusion entre la modélisation graphique et les formalismes possibilistes, nous avons construit des classifieurs des tumeurs cérébrales. Les paramètres issus de ces classifieurs lors de la propagation possibiliste sont introduits dans la démarche de la mesure de similarité. Dans la phase expérimentale, l'approche possibiliste est comparée aux deux approches situées dans le cadre bayésien, détaillées dans le chapitre précédent. Comme conclusion déduite à partir des séries d'expérimentations réalisées, nous constatons que l'approche possibiliste démontre une suprématie claire lors de traitement des situations où les données sont incomplètes et imprécises. Le principe de raisonnement possibiliste adapté aux situations

Chapitre 3 : Indexation et recherche basées sur les modèles graphiques possibilistes

d'incertitude est justifié dans notre approche. Cette constatation est cruciale puisque les données issues des dossiers patients sont généralement incomplètes dans un contexte réel.

Dans un cadre réel d'interprétation des cas cérébrales, un radiologue analyse un ensemble d'informations issues de modalités variées, essentiellement provenant de l'imagerie médicale (TDM, Scanner, IRM, etc). Dans le chapitre suivant, nous allons traiter cette situation en introduisant une nouvelle source de données dans le processus de décision. Deux sources d'informations seront alors appliquées : la source actuelle basée sur le rapport d'interprétation radiologique et une deuxième source basée sur la caractérisation d'une image IRM. Par ailleurs, le problème est transformé en une problématique de fusion de données hétérogènes. Notre approche consiste à fusionner la décision d'un module de recherche basé sur la description radiologique d'un cas médical (la source actuelle utilisé dans le cadre bayésien et dans le cadre possibiliste) ainsi que la décision d'un module de recherche à base d'images IRM cérébrales.

Chapitre 4

Indexation et recherche d'informations multimodales basée sur la théorie évidentielle

Chapitre 4 : Recherche d'informations multimodales basée sur la théorie évidentielle

Introduction

La fusion d'informations consiste en une combinaison d'un ensemble d'informations issues de sources multiples. L'objectif principal est d'améliorer la prise de décision tout en comblant les situations d'incertitude et d'imprécision rencontrées dans ce type de problèmes. Généralement, la fusion est vue comme une combinaison d'informations incomplètes afin de constituer une source pertinente et complète. La fusion d'informations est appliquée dans différents domaines telles que la vision, l'aide au diagnostic, les applications militaires, etc. Une définition universelle de la fusion a été émise lors d'une conférence de l'OTAN (White et al., 1986) tenue à Québec et donnée comme suit :

« *Data fusion is the process of combining data or information to estimate or predicate entity states* ».

Dans ce chapitre, nous allons proposer une approche de recherche multimodale prenant en considération plusieurs sources d'informations basées sur les principes de la fusion évidentielle. La théorie évidentielle est un modèle de raisonnement et de détection dans un cadre d'incertitude qui a été approuvé dans divers domaines d'application (Shafer, 1976). Elle permet une bonne représentation de l'imprécision et de l'incertitude par les fonctions de confiance, de plausibilité et de crédibilité. Ce chapitre est organisé en cinq sections : la première section est consacrée à la présentation du principe de la fusion de données et son apport dans les problèmes de recherche d'informations. La deuxième section expose la théorie de la fusion évidentielle, ses propriétés ainsi que l'intérêt de son application dans la recherche d'informations. Dans la troisième section, nous décrivons la proposition de recherche multimodale basée sur la fusion des classifieurs qui fait appel aux principes de la théorie de l'évidence de Dempster-Shafer (Smarandache *et al.*, 2006). Dans la quatrième section, nous décrivons une deuxième proposition de recherche multimodale basée sur la fusion des cas les plus proches qui se réfère à la théorie du raisonnement plausible et paradoxal (DSmT) (Smarandache *et al.*, 2006). Dans la dernière section, nous allons tester et discuter les performances des deux propositions.

1. Fusion d'informations dans le contexte d'indexation et de recherche d'informations multimodales

1.1. Idée fondamentale de la fusion d'informations

La fusion d'informations est un axe de recherche en évolution continue dans les dernières années. C'est une solution qui a été appliquée dans divers domaines, essentiellement en vision et en reconnaissance de formes. Ces deux domaines se caractérisent par la variété d'informations en termes de modalités et de sources (capteurs, images, connaissances a priori, etc.) (Wald, 2002). La fusion prend de plus en plus d'ampleur parallèlement aux évolutions des technologies dans le traitement d'information. L'intérêt principal d'une fusion d'informations est de disposer d'une 'meilleure' connaissance sur un domaine donné par la combinaison de l'ensemble d'informations décrivant ce domaine et provenant de différentes sources. Les informations mono-source sont généralement considérées imparfaites et imprécises (Doré *et al.*, 2010). La décision globale déduite suite à une procédure de fusion est plus complète et efficace. La tâche s'avère difficile du fait que les sources peuvent fournir des connaissances conflictuelles. Pour cela, la fusion fait appel aux approches de modélisation de connaissances confirmées qui sont empruntées essentiellement des théories de la décision, de l'incertain et de l'intelligence artificielle (Bloch, 2003). Le premier groupe de travail qui s'est intéressé aux définitions basiques de la fusion d'informations est le 'Joint Directors of Laboratories' (JDL). Ce groupe est crée en 1986 dans le département de défense américain et il a proposé plusieurs définitions sur la fusion d'informations. Parmi ces définitions, nous mentionnons la suivante :

« *La fusion est un processus multi-niveaux et à facettes multiples ayant pour objet la détection automatique, l'association, la corrélation, l'estimation et la combinaison d'informations de sources singulières et plurielles.* »

Plusieurs autres définitions ont été citées ultérieurement telles que celle proposée par le groupe de travail européen FUSION (Smarandache, 2004) et celle indiquée par Bloch dans (Bloch, 2003). Il est important d'indiquer que quelques notions changent d'une définition à une autre. La notion de 'fusion d'informations' est utilisée dans quelques définitions tandis que la notion de 'fusion de données' est appliquée dans d'autres. Le terme 'information' est utilisé lorsqu'il s'agit de l'ensemble de ce qui peut être fusionné tandis que le terme 'donnée' désigne une spécification des informations récupérées directement d'un capteur ou d'une source (Wald, 2002).

Les informations requises dans un modèle de fusion sont classées en trois catégories (Wald, 2002). Premièrement, l'information numérique ; exprimée sous forme d'un nombre ; est le type d'informations le plus utilisé essentiellement dans les applications de traitement du signal pour représenter un niveau de gris, une intensité du signal, etc. Deuxièmement, les informations peuvent être représentées sous forme de symboles ou de propositions, ce sont les informations symboliques. Troisièmement, les informations numériques et les informations symboliques peuvent être fusionnées pour donner un troisième type : les informations hybrides, initialement introduits par Bloch dans (Bloch, 2003). Les informations hybrides sont appliquées dans les problèmes de classification et de recherche.

1.2. Type d'architectures dans les systèmes de fusion d'informations

Le processus de fusion nécessite une décomposition schématique de plusieurs étapes (Wald, 2002). Les principales étapes pour la construction d'un modèle de fusion sont les suivantes :

- Modélisation : la première étape consiste à choisir un formalisme de représentation du cadre d'études. La modélisation doit garantir toutes les expressions susceptibles provenant des éléments étudiés. La modélisation peut introduire des données auxiliaires comprenant des informations sur le contexte ou sur le domaine,
- Estimation : les modélisations de fusion doivent prendre en compte l'estimation des données, généralement considérée sous la forme d'une distribution,
- Combinaison : c'est une étape qui se base sur des opérateurs qui doivent être compatibles à la modélisation sélectionnée,
- Décision : c'est une étape cruciale dans le processus de fusion. En effet, les informations provenant des différentes sources de données sont introduites dans une routine de décision. Il existe deux approches spécifiées dans ce niveau : les systèmes décentralisés et les systèmes centralisés. Dans la première approche, la décision finale se réfère sur des décisions locales qui sont prises séparément, la tâche de fusion permet de déduire une décision finale globale. Dans la deuxième approche, la combinaison se fait en une seule étape en introduisant toutes les sources directement dans la décision finale.

Les niveaux de fusion ont été discutés dans leur nombre ainsi que dans leur terminologie (Doré *et al.*, 2010). Nous énumérons trois niveaux de fusion : la fusion de bas niveau, la fusion intermédiaire et la fusion de haut niveau. Premièrement, l'approche de la fusion de bas niveau (connue aussi sous le nom de la fusion précoce) consiste à représenter les objets multimédia dans un espace de caractéristiques multimodal conçu selon un modèle commun. Ce modèle fait émerger les caractéristiques issues de différentes sources (image, vidéo, texte, etc.). L'idée simple de cette approche consiste à concaténer toutes les informations multimodales dans un seul vecteur de caractéristiques. Deuxièmement, la fusion intermédiaire (ou la fusion de caractéristiques) consiste en une fusion d'informations provenant des données brutes. Dans le cadre de traitement du signal, les caractéristiques phonétiques de la voix sont extraites à partir du signal ou encore les caractéristiques de texture qui sont extraites à partir d'une image segmentée. Troisièmement, la fusion de haut niveau (appelée aussi fusion tardive) traite les différentes sources indépendamment. L'intérêt de cette approche se distingue au niveau de la décision. Chaque source est censée présenter un ensemble de décisions locales qui seront normalisées dans la dernière phase de décision. Plusieurs modèles qui donnent une classification complète des niveaux de fusion sont proposées tels que le modèle de Wald (Wald, 2002). A titre d'illustration, la figure 4.1 expose les différents niveaux de fusion de similarités dans le cadre d'indexation et de recherche d'informations :

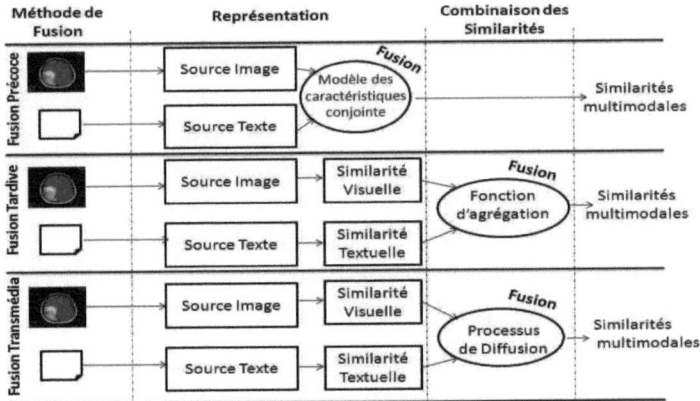

Figure 4.1. *Différents niveaux de fusion dans le cadre de représentation et de mesure de similarité* (**Rujie *et al.*, 1999**)

1.3. Approches de fusion d'informations classiques

Une panoplie d'approches de fusion d'informations est énumérée dans la littérature. Ces approches traitent l'aspect multimodal issu des sources diversifiées de données. En effet, chaque approche se distingue par une technique de représentation d'informations, des fonctions d'estimation de données et une règle de combinaison appliquée. Dans ce qui suit, nous présentons les principales approches de la fusion d'informations.

1.3.1. Vote majoritaire

Le vote majoritaire est une méthode de combinaison adaptée aux décisions. Le principe du vote majoritaire est simple et il consiste à mettre en considération un ordre de l'ensemble d'hypothèses attribuées par les sources introduites. Supposons avoir une source S_j donnant une décision d_i pour une observation x, une fonction indicatrice est donnée comme suit :

$$M_j^i(x) = \begin{cases} 1 \; si \; S_j(x) = i \\ 0 \; Sinon \end{cases} \quad (4.1)$$

Les décisions provenant de différentes sources sont exclusives. Le principe de décision repose sur le maximum de sources déduit à partir d'une combinaison associative et commutative. Ainsi, la procédure de combinaison consiste à retourner la décision prise par le maximum des sources introduites dans ce processus. Le vote majoritaire est amplement appliqué lorsque le cadre d'études est représenté d'une façon symbolique. Conséquemment, le vote majoritaire est plus adéquat dans les applications de classification qui n'ont pas besoin des connaissances a priori (Philipp-Foliguet *et al.*, 2006).

1.3.2. Fusion linéaire

La fusion linéaire se base sur une combinaison des scores finaux attribués à l'ensemble d'hypothèses recensées à partir des sources disponibles. Le principe consiste à calculer un vecteur descriptif $f_j(x)$ pour chaque source donnée S_j. Ce score est ensuite traduit en une fonction comme suit :

$$max \prod(X) = 1 \quad (4.2)$$

Après cette étape, un score est obtenu pour chaque source d'information. De ce fait, la décision est prise après une combinaison linéaire de tous ces scores par l'application de l'équation suivante :

$$s(x,w) = \sum_{j=1}^{n} \alpha_j s_j (f_j(x), w) \qquad (4.3)$$

Où α est le coefficient de pondération pour chaque source S_j, n est le nombre de sources introuduites dans ce processus. La fusion linéaire se distingue d'être simple et rapide et elle est appliquée dans diverses contributions de recherche multimédia, (Appriou, 1993), (Boudraa et al., 2004).

1.3.3. Fusion probabiliste et bayésienne

La théorie des probabilités est un cadre mathématique qui a prouvé son efficacité dans plusieurs applications. Dans un contexte de fusion d'informations, le cadre bayésien modélise l'imperfection de l'information à partir des distributions de probabilités tout en se référant au théorème de Bayes.

La représentation des sources dans un cadre probabiliste est assurée par une fonction de vraisemblance qui mesure la probabilité conditionnelle d'un concept d'indexation w_i issu d'une source S_j, notée $L[v](w_i)$. Supposons deux sources S_1 et S_2 mesurant ; successivement ; les valeurs V_1 et V_2, la fonction de fusion de ces deux sources est donnée comme suit :

$$p[v_1, v_2](w_i) = \frac{p[w_i](v1)p[w_i](v_2)}{\sum_{w_j \in \Omega} p[w_j](v_1)p[w_j](v_2)} \qquad (4.4)$$

Où w_i est le concept mesurant la valeur $v1$ issu de la source S_1 ainsi que v_2 provenant de la source S_2.

La modélisation probabiliste d'un système de fusion est parfois comblée par une incapacité de traitement de l'aspect conflictuel dans les sources d'informations. En effet, l'ensemble d'informations d'un système peut engendrer des méconnaissances qui nuisent à la représentation de l'incertitude dans un cadre probabiliste puisque les probabilités a posteriori ne sont pas disponibles dans cette situation (Rujie et al., 1999).

1.3.4. Fusion floue et possibiliste

La fusion possibiliste se déclare comme une approche performante dans le traitement de l'imprécision et de l'incertitude en gérant convenablement le problème de conflit qui peut exister entre les sources d'informations. Dans le contexte de la recherche d'informations multimodale, la fusion possibiliste offre une modélisation plus adéquate que les approches probabilistes classiques. La modélisation s'appuie sur les deux degrés utilisés dans le formalisme possibiliste : la nécessité et la possibilité. Pour une source S_j fournissant une information représentée par M_i^j, le degré d'appartenance des sous-ensembles flous qui définit l'exactitude de cette décision est donné par :

$$M_i^j(x) = \mu_i^j(x) \qquad (4.5)$$

Où $\mu_i^j(x)$ représente le degré d'exactitude de la décision d_i prise pour l'observation x à partir de la source S_j. L'étape de décision se fait généralement par le calcul de maximum des degrés d'appartenance. Pour un ensemble de décisions d, ce degré est calculé comme suit :

$$\mu_k(x) = max\{\mu_i(x), i = 1,..,d\} \qquad (4.6)$$

Avec μ_i représente la fonction d'appartenance de la décision d_i obtenue suite à l'étape de combinaison. La décision prise peut être évaluée selon deux critères : la netteté et la discrimination (Doré *et al.*, 2010).

Dans ce travail, nous avons choisi d'utiliser la théorie évidentielle dans la fusion des différentes sources d'informations existantes dans le diagnostic des cas médicaux contenant des tumeurs cérébrales. La théorie évidentielle s'approprie de plusieurs avantages dans la représentation des connaissances partielles depuis l'ignorance totale jusqu'à la connaissance parfaite. Davantage, elle a été appliquée dans plusieurs contributions de fusion tout en bénéficiant de la variété des techniques d'estimation, de combinaison et de décision richement discutée dans la littérature. Ainsi, la fusion évidentielle est considérée plus performante que les approches susmentionnées dans plusieurs sources de la littérature (Rujie *et al.*, 1999). Dans ce qui suit, nous allons présenter les principes de la théorie évidentielle tout en énumérant quelques références de recherche d'informations multimodales se référant à cette théorie.

2. Fusion Evidentielle : Fondements et application dans la recherche d'informations

2.1. Fondements de la fusion évidentielle

2.1.1. Principes

La théorie de l'évidence est un modèle de raisonnement et de décision dans un cadre d'incertitude. Généralement, une situation réelle de décision requiert plusieurs sources d'informations. Ces sources peuvent être conflictuelles ou mises en doute. Les informations provenant de ces sources peuvent être incertaines et imprécises. La résolution des situations d'incertitude et d'imprécision a été toujours une lacune dans les principes des approches de fusion. A titre d'exemple, La fusion bayésienne mesure l'incertitude à travers une entité unique qui peut engendrer une subjectivité dans les décisions. Également, la modélisation d'imprécision dans la fusion bayésienne mène souvent à une confusion de deux notions différentes. Pour traiter ces situations, la théorie évidentielle propose un paradigme différent de raisonnement. Elle permet de modéliser l'imprécision en utilisant les fonctions de confiance, de plausibilité et de crédibilité (Koton, 1988). Cependant, l'incertitude est modélisée par un biais d'une fonction de probabilité qui minimise la confusion possible. Les informations d'un domaine sont affectées dans des masses de confiance afin de modéliser leurs degrés d'ignorance (Shafer, 1976).

Deux principales théories ont été introduites dans l'approche évidentielle. En premier lieu, la théorie de Dempster-Shafer (Smarandache *et al.*, 2006) a été proposée par Dempster et qui se base sur le biais des notions de probabilités supérieures et inférieures. Shafer a raffiné cette théorie en rajoutant les fonctions de croyances et de plausibilité. En deuxième lieu, Dezert et Smarandache ont développé la théorie de DST pour proposer la théorie du raisonnement plausible et paradoxial de Dezert-Smarandache (Smarandache *et al.*, 2006).

2.1.2. Théorie de Dempster-Shafer (DST)

2.1.2.1. Notions fondamentales

La théorie de Dempster-Shafer (Dempster-Shafer Theory), connue sous le nom de DST, a été proposée initialement par Dempstr en 1967 et ensuite développée par Shafer (Shafer, 1976). Le principe de la théorie DST est considéré comme une généralisation de la théorie bayésienne des probabilités subjectives (Boudraa *et al.*, 2004). La règle de fusion de Dempster permet de représenter avec perfection l'ignorance partielle ou complète sur une information du cadre traité.

2.1.2.2. Cadre de discernement

Le cadre de discernement est composé d'un ensemble d'hypothèses $\Theta = \{\theta_1, .., \theta_n\}$ envisageables pour la description complète d'un cadre d'informations donné. Dans une problématique de classification, n représente l'ensemble de classes considérées. Θ est censé représenter exhaustivement toutes les situations de θ.

Dans le cadre de DST, on considère plus généralement des combinaisons d'hypothèses et on raisonne, donc, sur l'ensemble des parties de θ, noté 2^θ qui représente tous les éléments arbitraires provenant des hypothèses simples et composées. Pour un élément arbitraire A, 2^θ est défini suit :

$$2^\theta = \{A_1, A_2, .., A_{2^n}\} \qquad (4.7)$$

2.1.2.3. Masses de croyance

La masse de croyance consiste à associer une valeur à chaque élément A_i appartenant à 2^θ. La fonction de masse de croyance, dénotée m est une fonction représentant 2^θ dans un intervalle [0,1]. La fonction m est définie comme suit :

$$\begin{cases} m(\emptyset) = 0 \\ m(A) \in [0,1], \forall A \in 2^\theta \\ \sum_{A \in 2^\theta} m(A) = 1 \end{cases} \qquad (4.8)$$

Dans le cas où la source courante ne définit aucune hypothèse du cadre de discernement, nous parlons d'une ignorance totale. Ainsi, la fonction d'ignorance est indiquée comme suit :

$$m(\theta) = 1 \qquad (4.9)$$
$$\forall A_i \in 2^\theta - \{\theta\}, m(A_j) = 0$$

Dans le cas où un évènement A_i est vérifié par une réalisation sûre, nous parlons ainsi d'une connaissance sûre. La masse entière est donnée comme suit :

$$m(A_i) = 1 \qquad (4.10)$$
$$\forall A_j \in 2^\theta - \{A_i\}, m(A_j) = 0$$

2.1.2.4. Estimation des fonctions de masse de croyance

Une fois la masse de croyance globale pour chaque combinaison d'hypothèses Bi est définie, la probabilité d'une partie A du cadre de discernement peut être calculée. Dempster a défini pour cela deux probabilités, dites supérieure et inférieure, respectivement le degré de croyance ($Bel(A)$) et le degré de plausibilité ($Pl(A)$) de A.

- **Degré de croyance**

Le degré de croyance $Bel(A)$, nommé aussi la crédibilité, mesure à quel point une hypothèse A_i est soutenu par l'ensemble d'informations d'une source donnée. Ce degré est décrit avec la formule :

$$\text{Bel}(A) = \sum_{B \neq \emptyset, B \in 2^\theta} m(B), A \in 2^\theta \qquad (4.11)$$

- **Degré de plausibilité**

De son côté, la probabilité supérieure $Pl(A)$ exprime le degré qu'une hypothèse A_i soit soutenue par l'ensemble d'informations d'une source. Elle est donnée comme suit :

$$\text{Pl}(A) = \sum_{B \cap A \neq \emptyset} m(B), A \in 2^\theta \qquad (4.12)$$

- **Probabilité pignistique**

La probabilité pignistique $BelP(A)$ a été proposée par SMETS (Smets et Kennes, 1994) en 2001 afin de trouver un compromis entre le degré de croyance ; considéré trop pessimiste ; et le degré de plausibilité ; considéré de son côté trop optimiste. La probabilité pignistique est une mesure subjective obtenue après une transformation élémentaire comme suit :

$$\text{BelP}(A) = \sum_{B \in 2^\theta} \frac{|B \cap A|}{|A|} m(B), A \in 2^\theta \qquad (4.13)$$

2.1.2.5. Règles de combinaison dans la théorie DST

- **Règle conjonctive**

La représentation d'information est définie pour chaque source de données. Le principe de fusion consiste à combiner les masses de croyances construites pour chaque source. Pour ceci, Dempster a défini un ensemble de règles de combinaison afin d'assurer cette procédure. Etant données deux sources représentées par les fonctions de masses m_1 et m_2, un opérateur de combinaison conjonctif noté ∩ peut agréger ces deux fonctions. La masse résultat de cette combinaison, notée $m_\cap$ représente une fonction de croyance unique déduite par la formule suivante :

$$m_\cap(A) = (m_1 \cap m_2)(A) = \sum_{B \cap C = A} m_1(B) m_2(C) \tag{4.14}$$

Où A est la fonction de croyance unique suite à la procédure de fusion, B et C sont les fonctions en entrée. Cette règle est dénotée davantage la règle de Dempster non normalisée. A partir des principes de cette règle, Dempster a développé une variante en traitant l'hypothèse de normalisation $m_\cap(\theta) = 0$. Cette règle est connue sous le nom de règle de Dempster $m_\oplus$. Ceci est retrouvé par une division de chaque masse par un coefficient adéquat, défini comme suit :

$$(m_1 \oplus m_2)(A) = \frac{(m_1 \cap m_2)(A)}{1 - m_\cap(\theta)} \tag{4.15}$$

$$(m_1 \cap m_2)(\theta) = \sum_{B \cap C = \theta} m_1(B).m_2(C)$$

- **Règle disjonctive**

La règle conjonctive n'est pas adéquate à la combinaison des sources d'informations conflictuelles. Ainsi, la règle disjonctive a été proposée comme une alternative pour traiter les sources conflictuelles. Pour deux fonctions de masses m_1 et m_2, la règle disjonctive est donnée comme suit :

$$m_\cup(A) = \sum_{B \cup C = A} m_1(B) m_2(C) \tag{4.16}$$

2.1.2.6. *Limites de la théorie DST*

Cependant, la théorie DST engendre des limites dans la réduction de conflit entre les sources de données. L'effort principal de cette théorie est consacré à la normalisation des masses sans prendre en considération la nature paradoxale des informations du cadre d'études. En effet, la modélisation des hypothèses dans la théorie DST est réduite à un nombre fini qui doit être exhaustif et exclusif. Dezert et Smarandache ont voulu remédier à ces limites pour proposer un raisonnement plausible et paradoxal, nommé la théorie DSmT (Smarandache et al., 2006).

2.1.3. *Théroie DSmT : Dezert-Smarandache*
2.1.3.1. *Notions fondamentales*

La théorie de fusion DSmT est une extension naturelle de la théorie classique de fusion DST. Elle offre une vision intéressante dans la fusion d'informations quantitatives et qualitatives incertaines et imprécises. Le conflit entre les sources de données engendre l'impossibilité d'un raffinement du cadre du problème en raison de la nature vague, relative et imprécise de ces éléments (Shafer, 1976). Ces données peuvent être contradictoires ce qui engendre l'aspect complexe des problèmes de fusion résolus, dépassant ainsi les limites de la théorie DST. Les améliorations introduites par la théorie DSmT concernent essentiellement deux niveaux : la modélisation du cadre de discernement et les opérateurs de fusion (Smarandache et al., 2006).

2.1.3.2. *Cadre de discernement*

Le cadre de discernement dans une fusion DSmT est constitué d'un ensemble fini dont les éléments sont exhaustifs, mais pas assurément exclusifs. Pour représenter cette situation, deux modèles sont proposés : le modèle libre et le modèle hybride.

- **Modèle libre : noté $M^f(\theta)$**

Outre les éléments issus de 2^θ décrits dans la théorie DST, le modèle libre développe des masses de croyance sur toutes les propositions construites à partir de θ. Ce modèle fait appel à un ensemble d'opérateurs logiques d'intersection et d'union. La masse conflictuelle importante générée dans cette situation n'est plus modélisée sur 2^θ mais plutôt sur l'yper-powerset D^θ (Smarandache et al., 2006). La notion de l'hyper-powerset regroupe l'ensemble des propositions possibles de 2^θ étendues avec les opérateurs ∩ et ∪ (Smarandache et al., 2009), telles que:

- ✓ $\emptyset, \theta_1, \ldots, \theta_n \in D^\theta$
- ✓ Si $A_i, A_j \in D^\theta$, alors $A_i \cap A_j \in D^\theta$ et $A_i \cup A_j \in D^\theta$

- **Modèle Hybride : noté $M(\theta)$**

Dans certains problèmes de fusion, les éléments du cadre de discernement Θ peuvent être exclusifs et raffinés. Ainsi, le modèle hybride M(θ) raffine le modèle libre en introduisant des contraintes provenant des connaissances a priori du cadre d'étude.

La figure 4.2 illustre une comparaison entre ces trois modèles.

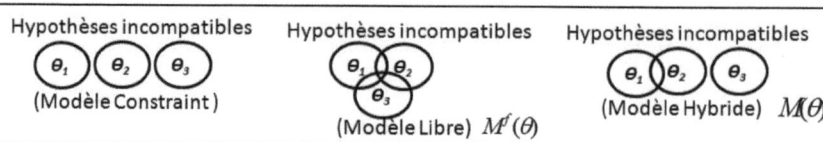

Figure 4.2. *Comparaison des modèles contraint, libre et hybride pour un cadre de discernement*

- **Représentation des ensembles dans les diagrammes de Venn**

La représentation graphique de différents éléments constituant un ensemble de l'hyper-power set D^θ est assurée par le diagramme de Venn (Venn, 1880). La figure 4.3 illustre un diagramme de Venn représentant D^θ avec un cardinal égal à 3. Cette représentation graphique schématise la nature des éléments simples, l'aspect paradoxal des éléments conflictuels et la nature de l'ignorance des éléments d'union.

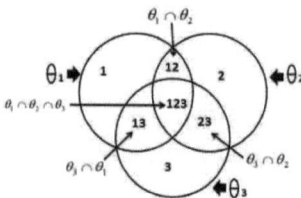

Figure 4.3. *Diagramme de Venn dans avec un cardinal égal à 3*

2.1.3.3. Estimation des fonctions de fusion

L'estimation des fonctions de fusion dans la théorie DSmT est donnée par les formules suivantes :

$$\begin{cases} m(\emptyset) = 0 \\ m(A) \in [0,1], \forall A \in D^{(\theta)} \\ \sum_{A \in D^{(\theta)}} m(A) = 1 \end{cases} \quad (4.17)$$

L'estimation des fonctions de fusion se base sur les mêmes critères modélisés dans la théorie DST : le degré de croyance (*BEL*), le degré de plausibilité (*Pl*) et la probabilité pignistique (*BelP*) sont formulés comme suit :

$$\text{Bel}(A) = \sum_{B_i \subseteq A, B_i \in D^{(\theta)}, B_i \notin V(\theta)} m(B) \quad (4.18)$$

$$(4.19)$$

$$\text{Pl}(A) = \sum_{B_i \cap A \notin V(\theta), B_i \in D^{(\theta)}} m(B)$$

$$\text{BelP}(A) = \sum_{B_i \in D^{(\theta)}, B_i \notin V(\theta)} \frac{C_M(B_i \cap A)}{C_M(B_i)} m(B) \quad (4.20)$$

$C_M(B_i)$ dénote la cardinalité de B_i dans le diagramme de Venn.

2.1.3.4. Règles de combinaison de Dezert-Smarandache

La règle de combinaison de la DSmT permet de fusionner les informations issues de différentes sources malgré les contraintes susmentionnées. Pour un ensemble de données appartenant à X, la règle de combinaison est donnée par :

$$m_{M(\theta)} = \phi(X)[S_1(X) + S_2(X) + S_3(X)]$$

$$S_1(X) = \sum_{X_1,\ldots,X_S \in D^\theta, X_1 \cap \ldots \cap X_S = X} \prod_{i=1}^{S} m_i(X_i) \quad (4.21)$$

$$S_2(X) = \sum_{X_1,\ldots,X_S \in D^\theta, [U=X] \vee [(U \in V(\theta)) \wedge (X=I_t)]} \prod_{i=1}^{S} m_i(X_i)$$

$$S_3(X) = \sum_{X_1,\ldots,X_S \in D^\theta, X_1 \cup \ldots \cup X_S = X, X_1 \cap \ldots \cap X_S \in V(\theta)} \prod_{i=1}^{S} m_i(X_i)$$

Avec :
- S est le nombre de sources,
- $U = u(X_1) \cup \ldots \cup u(X_S)$ où $u(X_i)$ est l'union de tous les éléments $\theta_i \in \Theta$,
- $I_t = \theta_1 \cup \ldots \cup \theta_n$ représente l'ignorance totale.

Les nouveaux opérateurs de fusion permettent de couvrir les sources paradoxales provenant de leur aspect conflictuel. Une variété d'opérateurs de fusion appliquée dans le cas du modèle hybride a été proposée. Les opérateurs s'appuyant sur les règles de redistribution proportionnelle de conflit sont les plus répandus (PCR1, PCR2,..,PCR6)(Smarandache *et al.*, 2004). L'idée principale de ces opérateurs consiste à redistribuer la masse conflictuelle totale ou partielle entre les ensembles qui participent dans ce conflit, appartenant à D^θ.

2.2. Application de la théorie de l'évidence dans un contexte de la recherche d'informations

La théorie de l'évidence est un outil de modélisation performant qui permet une bonne représentation de différents niveaux d'incertitudes. La recherche d'informations est un domaine adéquat des fonctions de croyance puisqu'elle incarne un niveau d'incertitude considérable. Dans la littérature, il existe plusieurs études d'évaluation des méthodes de fusions qui comparent les fonctions de croyance avec les méthodes probabilistes (approche bayésienne, approche possibiliste et fusion linéaire). A titre d'illustration, une comparaison appliquée dans la vérification de signature, décrite dans (Arif, 2005), démontre une meilleure performance de la théorie de Dempster par rapport aux méthodes probabilistes.

L'apport de la fusion dans un cadre de recherche d'informations vise à améliorer les résultats de décision en combinant plusieurs modules de recherche. Chacun de ces modules repose sur une source de données déterminée. La combinaison dans la recherche d'informations peut se faire de deux manières : premièrement, la combinaison dans des espaces d'attributs différents, et deuxièmement, la combinaison dans des espaces de décision différents. Afin de représenter convenablement les informations du domaine de recherche, plusieurs travaux cités dans la littérature reprennent des modèles qui sont préalablement conçus pour des problématiques de classification. A titre d'exemple, nous notons le modèle des croyances transférables (MCT) (Smets et al.,1994) qui est composé de deux niveaux : le niveau crédal et le niveau pignistique. Le niveau crédal correspond à la représentation et la manipulation des états de croyances tandis que le niveau pignistique représente l'étape de la prise des décisions. Le modèle MCT se base uniquement sur la croyance d'un individu afin de dégager une opinion rationnelle même si cette interprétation et imprécise ou incomplète. Un deuxième modèle est proposé par Xu et Smets (Xu et al.,1996) qui se base sur une transformation des décisions de chaque source en une fonction de masse en utilisant la matrice de confusion. De son côté, Smets propose le modèle nommé 'Expert Tuning' (Elouedi et al., 2004) où chaque sous-module est vu comme une source d'information indépendante qui produit une fonction de masse avec un degré de fiabilité. La mise en œuvre des prototypes de recherche opérationnels basés sur les fonctions de croyances est concrétisée dans divers domaines. Dans le traitement d'images, la théorie évidentielle est appliquée dans plusieurs contributions, principalement dans les images médicales (Bloch, 1996)(Dromigny-Badin et al., 2013)(Dromigny-Badin et al., 2013) (Rombaut, 1999). Parmi les prototypes confirmés, nous notons le système Diogenes

(Aslandogan *et Yu*, 2000) qui cible la recherche d'images sur le web en combinant deux sources : le texte et l'image. Aussi, nous citons le prototype FuseIndex (Kharbouche *et al.*, 2007) qui consiste à rechercher des données multimédias.

3. Cadre et spécifications de la contribution de fusion d'informations

3.1. Contexte de la fusion

L'objectif de notre contribution de fusion est de rechercher un ensemble de cas médicaux similaires à un cas requête. L'apport de cette contribution consiste à ajouter une nouvelle source de données qui sera introduite dans le processus de recherche. Outre la source initiale basée sur le rapport d'interprétation radiologique, nous introduisons dans ce chapitre une nouvelle source basée sur la caractérisation d'images. Ainsi, pour chaque cas médical traité, une image IRM est sélectionnée comme une source d'informations dans le module de recherche des cas médicaux cérébraux. La procédure de fusion s'effectue au niveau de la décision en combinant les résultats des deux modules considérés comme des propositions de décision.

En se basant sur les principes de la fusion évidentielle, nous allons définir deux approches de fusion. La première approche estime les cas similaires à un cas requête en combinant les résultats de classification issus de deux sources. Nous rappelons que le module de mesure de similarité proposé dans ce travail se base sur des données issues des classifieurs bayésiens. Le module de fusion dans cette première approche délivre une réponse sur les cas les plus proches en combinant les probabilités de classification. Pour cela, nous utilisons un modèle de fusion direct basé sur les principes de la théorie Dezert-Smarandache. Le cadre de discernement est réduit en deux hypothèses possibles, déduites à partir des probabilités d'appartenance. La deuxième approche est fondée sur la fusion des modules de recherche uni-source. Les deux sources en entrée sont considérés comme des modules de recherche des cas médicaux indépendants fournissant ; chacun d'eux ; un ensemble de cas pertinents par rapport à un cas requête en test. Le cadre de discernement est composé d'un ensemble d'hypothèses non exclusives pour un vecteur des cas pertinents $\{C_1, C_2, .., C_N\}$. Dans les deux modèles proposés, la fusion se situe dans la phase de décision. La figure 4.4 illustre l'idée générale de la fusion à appliquer dans ce travail.

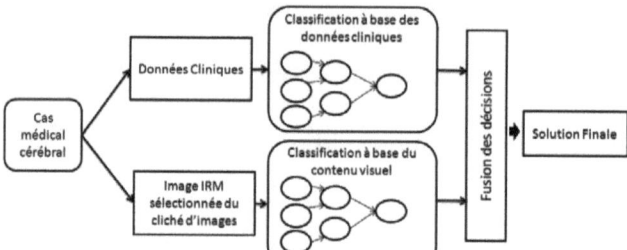

Figure 4.4. *Architecture générale de l'approche de recherche à base de fusion des décisions*

3.2. Sources de données

3.2.1. Interprétation radiologique des données cliniques

La première source est l'ensemble de données cliniques issues de l'interprétation radiologique utilisée dans les deux cadres précédents (probabiliste et possibiliste). Un cas médical est représenté par une interprétation réalisée par un expert en indiquant les valeurs de l'ensemble des descripteurs présents dans un rapport d'interprétation radiologique. Les propriétés de cette source sont détaillées dans la section 5.2 du premier chapitre. La démarche de classification et de mesure de similarité rappelée dans cette première source est présentée dans la section 3.3 du deuxième chapitre.

3.2.2. Signature visuelle d'une image IRM

La deuxième source introduite dans le processus de décision est définie dans un module de recherche basé sur la signature visuelle d'une image IRM. En effet, nous choisissons de sélectionner une image pour chaque cas médical cérébral. Ce module requiert deux modules fondamentaux : un module de prétraitement qui prend en entrée l'image IRM pour donner en sortie un vecteur de caractéristiques visuelles après réduction. Le deuxième module consiste en un modèle de classification des tumeurs cérébrales basé sur les réseaux bayésiens. Les propriétés de classification, détaillées dans la quatrième section du deuxième chapitre, sont reprises sur des caractéristiques visuelles issues d'une image IRM en test.

La phase de prétraitement est définie par un ensemble d'opérations successives qui transforment une image en entrée en un vecteur de caractéristiques en sortie (Boberek *et al.*, 2011). La phase de prétraitement vise à conserver les données les plus discriminantes dans le processus de classification. Les opérations de la phase de prétraitement sont illustrées dans la figure 4.5. Le processus commence par la définition des régions d'intérêts concernés par l'analyse suivie par une extraction et une sélection d'un ensemble de caractéristiques visuelles. La discrimination de l'ensemble de caractéristiques est optimisée par une opération de réduction de dimensionnalité de l'espace représentant les observations extraites de l'image. Dans le cadre de ce travail, nous avons choisi d'utiliser des algorithmes standards dans les différentes étapes du prétraitement sans faire une étude approfondie sur les meilleures techniques qui donneront les résultats les plus performants. L'objectif principal est de récupérer un vecteur de caractéristiques représentant une image IRM afin de l'intégrer comme une source de données dans le processus de recherche d'informations à base d'une fusion multimodale.

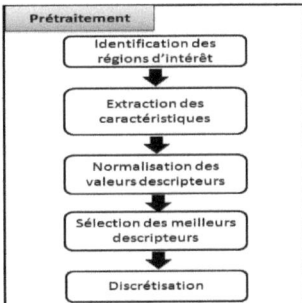

Figure 4.5. *Différentes étapes de la phase de prétraitement*

3.2.2.1. Identification des régions d'intérêt

La première étape de prétraitement consiste à identifier les régions d'intérêts dans l'image en entrée. La délimitation d'une région est faite par deux itérations : une identification du tissu tumoral et une isolation du tissu œdémateux. Etant donnée la diversité des coupes et des séquences dans un cliché IRM, notre choix a ciblé une modalité d'image, fondamentale dans la prise de décision, qui est la séquence T1 axiale avec injection flair (Flair : Fluid Attenuated Inversion Recovery). Ce choix est argumenté par l'adaptabilité de cette séquence à l'imagerie de cerveau puisqu'elle améliore la détection des lésions dans la substance blanche et les tumeurs localisées dans l'interface parenchyme cérébral (van Walderveen *et al.*, 1995). La figure 4.6 illustre la tâche d'indentification des régions d'intérêt.

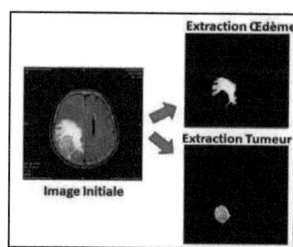

Figure 4.6. *Procédure d'identification des régions d'intérêt par l'extraction de l'œdème et l'extraction de la lésion tumorale*

3.2.2.2. *Extraction des caractéristiques*

La deuxième étape consiste en une extraction des caractéristiques à partir des deux images résultant après l'identification des régions d'intérêt. Nous choisissons d'utiliser deux types de descripteurs : les descripteurs de Forme et de Texture.

- **Descripteurs de Forme :**

Les descripteurs de forme utilisés dans ce travail sont classés en deux types : les descripteurs de forme à base du contour dont les méthodes de description exploitent les descripteurs de Fourrier, et les descripteurs de forme à base de la région qui utilisent les moments invariants pour l'analyse de la forme (Kira *et al.*, 1992). Les paramètres introduits dans cette caractérisation sont le périmètre, la surface, la bordure, la rectangularité et les sept invariants de Hu (Huang *et al.*, 2010).

- **Descripteurs de Texture :**

Les méthodes qui ont été utilisées pour la caractérisation de la texture des images sont les suivantes (Boberek *et al.*, 2011):

- ✓ Descripteurs de premier ordre : Histogramme de niveau de gris, les moments statistiques, l'énergie, l'entropie, le contraste et la dynamique.
- ✓ Descripteurs de second ordre : la matrice de cooccurrence (contraste, corrélation, homogénéité, entropie), La matrice à longueur de plage, Techniques de Tamura (Grossièreté, Contraste, Directionnalité/directivité).
- ✓ Méthodes par transformation orthogonale : Filtre de Gabor, Transformation de Fourier (Zahn *et al.*,1972).

3.2.2.3. Normalisation

Après l'extraction des caractéristiques, nous constatons que les valeurs obtenues appartiennent à des échelles de grandeurs différentes. Ceci exige la nécessité d'appliquer une normalisation sur l'ensemble de valeurs de ces descripteurs (Aksoy *et al.*, 2001). La normalisation consiste en une transformation linéaire sur un intervalle [0,1] de l'ensemble de valeurs des descripteurs. Cette correction permet de pondérer équitablement l'ensemble de descripteurs présents.

3.2.2.4. Sélection des caractéristiques

La sélection des caractéristiques a comme objectif la préservation d'un ensemble réduit de caractéristiques envisagées comme les plus discriminants (Kira *et al.*, 1992). Cette tâche est cruciale dans la réussite de l'étape de classification. Nous utilisons à ce niveau l'algorithme Relief-F et l'algorithme génétique (Zhang *et al.*, 2007).

3.2.2.5. Discrétisation

La dernière étape de la phase de prétraitement est la discrétisation qui correspond à transformer un ensemble des nombres en réels en un ensemble des nombres entiers nommés « indices de classes ». Pour réussir une telle tâche, il faut choisir le nombre de classes et les bornes de chacune d'elles. Une bonne discrétisation consiste à un découpage en classes homogènes et séparées (Boberek *et al.*, 2011). Les méthodes de discrétisation sont variées, parmi lesquelles nous citons :

- L'algorithme des k-moynennes (k-means algorithm) qui est l'algorithme de discrétisation le plus appliqué. Le principe de cet algorithme consiste à diviser les observation en k partitions en se référant à l'approche de la moyenne la plus proche (Yang *et al.*, 2002),
- L'algorithme k-medoids qui se base sur l'idée de la répartition par le plus central d'une classe. Il est estimé dans la littérature comme étant plus robuste que l'algorithme k-means.

Nous avons choisi d'utiliser l'algorithme k-medoids puisqu'il est le plus appliqué dans ce type des problèmes (Yang *et al.*, 2002).

3.3. Module de classification des images IRM par les réseaux bayésiens

La deuxième phase de ce module est représentée par un modèle de classification des tumeurs cérébrales à base d'une signature visuelle. Notre choix est orienté à une structure introduisant une couche intermédiaire séparant les deux types de descripteurs utilisés (Texture et Forme). La démarche suivie dans le modèle de classification présentée dans le chapitre 3 est reprise dans ce module. La structure du réseau est unique et elle est composée de trois couches. La couche d'entrée est toujours celle de l'observation. La couche intermédiaire sert à prendre des décisions séparées sur la base de l'information issue de la texture et de la forme de la région analysée sur l'image. Finalement, la couche de sortie donne la probabilité finale d'appartenance à la tumeur représentée par ce réseau.

Cette structure particulière, incorporant des nœuds d'utilité dans la couche intermédiaire, permet aux réseaux bayésiens d'être parfaitement utilisés comme de réels outils d'aide à la décision. Dans cette structure, nous avons l'avantage de pouvoir choisir séparément le nombre de descripteurs de forme et celui de texture. Un exemple d'une structure du réseau bayésien de classification à base d'une signature visuelle est donné dans la figure 4.7.

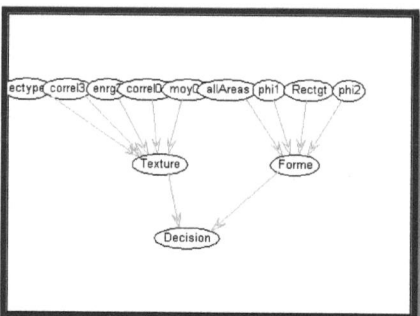

Figure 4.7. *Un exemple d'une structure du réseau bayésien pour la classification des tumeurs cérébrales à base d'une image IRM*

La deuxième étape de la construction d'un modèle bayésien de classification est l'apprentissage afin d'estimer les distributions de probabilités. Nous appliquons un algorithme d'estimation statistique basée sur le maximum de vraisemblance qui consiste à estimer les probabilités par la fréquence d'apparition. Cet algorithme a été présenté dans la deuxième section du troisième chapitre. Le processus d'extraction d'une signature d'un nouveau cas cérébral et la procédure de classification sont illustrés sur la figure 4.8.

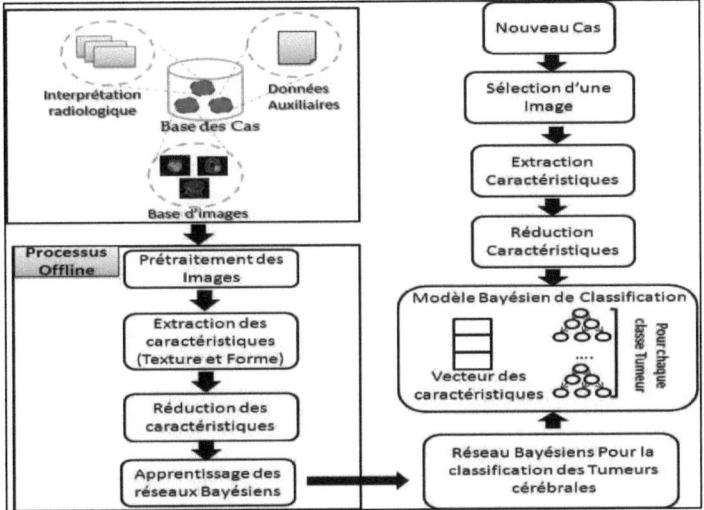

Figure 4.8. *Schéma Bloc du module de classification à base de la signature visuelle d'une image IRM*

4. Approche de recherche d'informations multimodale basée sur la fusion des classifieurs bayésiens

4.1. Principe de la proposition

Dans cette première proposition, les sources de données à fusionner sont des modules de classification. Ces deux modules prennent en entrée les descripteurs sous deux modalités (interprétation radiologique et descripteurs visuels de l'image) et retournent en sortie des probabilités d'appartenance à l'ensemble des classes tumeurs introduites dans le cadre d'étude. Nous rappelons que la tâche de classification concerne un ensemble fini de tumeurs représentées chacune d'elles par un réseau bayésien. La fusion est appliquée pour combiner les décisions prises sur les probabilités d'appartenances aux différentes classes des tumeurs en question. La démarche de fusion des classifieurs bayésiens est basée sur les principes de la théorie DST. Le formalisme de cette théorie est proche du raisonnement probabiliste tout en prenant en compte convenablement les incohérences et l'insuffisance.

Le problème principal rencontré dans la fusion des classifieurs est la difficulté de calcul du cadre de discernement caractérisé par une grande cardinalité. Plusieurs travaux traitant la problématique de la représentation d'informations ainsi que les méthodes de combinaison dans le cadre d'une fusion des classifieurs sont cités dans la littérature, telles que (Appriou, 2013) (Bloch, 2003). Parmi les formalismes de représentation des connaissances, nous citons le Modèle des Croyances Transférables (MCT) (Smets *et al.*, 1994), considéré comme l'interprétation la plus appliquée par la théorie de Dempster-Shafer pour la combinaison des sorties des classifieurs incomplètes ou imprécises. Dans la modélisation MCT, une fonction de croyance représente la connaissance partielle, étant donné la valeur d'une variable de classification provenant d'une source donnée. Dans le même contexte, Quellec a proposé dans (Quellec, 2008) un modèle d'estimation de pertinence basé sur la théorie de Dempster couplée avec un réseau bayésien pour la recherche des cas médicaux.

Dans notre approche, les classifieurs fournissent une information d'appartenance binaire sur un ensemble de classes tumeurs, où chacune d'elles est représentée par un classifieur bayésien. Les sorties de ces deux sources vont être traduites en des fonctions de croyance afin de les exploiter dans le processus de décision sur les cas les plus semblables à un cas requête. La conception du modèle de fusion et de décision est donnée dans la figure 4.9.

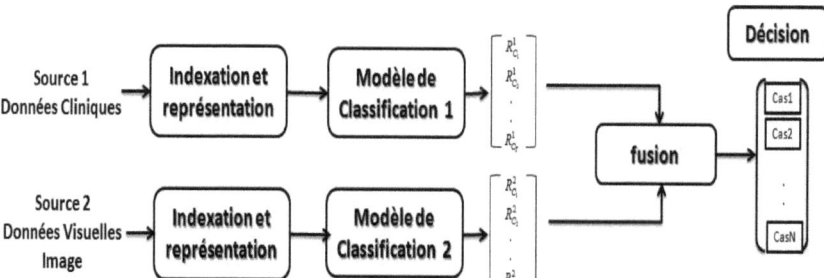

Figure 4.9. *Modèle de la fusion des classifieurs pour une finalité de recherche*

4.2. Cadre de discernment

Comme nous l'avons indiqué, ce modèle adapte l'architecture des classifieurs bayésiens. Etant donné un cas requête C_r, chaque réseau bayésien représentant une classe tumeur T qui fournit l'information suivante :

- Le cas C_r est pertinent pour la classe tumeur T avec un degré R.

- Le cas C_r n'est pas pertinent pour la classe tumeur T avec un degré $1 - \bar{R}$.

Ces deux hypothèses sont reprises pour les deux sources d'informations disponibles. Pour un cas requête C_r, les hypothèses disponibles sont au nombre de deux pour chaque classe tumeur, nous parlons ici des hypothèses d'appartenance. Le cadre de discernement est représenté par $\Omega = \{R, \bar{R}\}$. La masse de croyance est donnée par $P(\Omega) = \{\theta, R, \bar{R}, R \cup \bar{R}\}$.

Etant donnée une source de données j, le cadre de discernement représentant l'ensemble d'hypothèses est repris sur l'ensemble des classes tumeurs classifiées. La sortie de la source j est donnée par :

$$\forall t \in \{1, \ldots, T\}, \theta_t \in \Theta, \theta_t = \{R_t, \overline{R_t}, R_t \cup \overline{R_t}\} \tag{4.22}$$

Où T représente le nombre de tumeurs inclus dans le cadre d'études.

Nous appelons deux mesures probabilistes de classification pour quantifier la fonction de croyance, à savoir la sensitivité et la spécificité. L'idée consiste à définir un seuil de confiance en combinant les valeurs de ces indices donnant une décision sur la satisfaction de résultat de la classification.

4.3. Fonction de croyance

Les scores d'informations issus de deux sources s'expriment à l'aide de distributions de probabilités indiquant le degré d'appartenance aux classes tumeurs. La décision finale requiert la fusion de ces différentes distributions à l'aide des fonctions de croyance. Chaque fonction est associée à une probabilité d'appartenance, construite sur la base de la matrice de confusion des résultats de la classification. Pour cela, nous utilisons les deux indices de sensibilité et de spécificité pour déduire le degré de la satisfaction d'une requête sur une classe donnée.

La sensibilité est le degré des bonnes classifications pour une classe testée, donnée comme suit :

$$Sensibilité = \frac{Vrai\ Positives}{Vrai\ Positives + Faux\ Positives} \tag{4.23}$$

La spécificité définit le degré des rejets corrects lors d'une simulation de classification, elle est donnée comme suit :

$$Spécifité = \frac{Vrai\ Négatives}{Vrai\ Négatives + Faux\ Positives} \tag{4.24}$$

Ces deux indices cernent les probabilités de classification dans un intervalle maximisé par le degré des bonnes réponses et minimisé par le degré des bons rejets. Pour chaque classe tumeur, les deux valeurs de sensibilité et de spécificité qui leurs sont accordées sont considérées ; successivement ; comme les bornes supérieure et inférieure de l'intervalle de décision *[Spécificité, Sensibilité]*. Ainsi, un seuil pour chaque classe tumeur, noté τ_T, est calculé sur la base de cet intervalle. Ce seuil est donné par :

$$\tau_T = \frac{Spécifité + Sensibilité}{2} \qquad (4.25)$$

La fonction de masse de croyance est définie sur la base de ce seuil en admettant les deux propositions suivantes :

- Si $(P(N_T | \sum Evidences) \geq \tau_T)$ alors :

$$\begin{cases} m_j(R_T) = P(N_T | \sum Evidences) \\ m_j(\bar{R}_T) = 0 \\ m_j(R_T \cup \bar{R}_T) = 1 - m_j(R_T) \end{cases} \qquad (4.26)$$

- Si $(P(N_T | \sum Evidences) < \tau_T$ alors :

$$\begin{cases} m_j(R_T) = 0 \\ m_j(\bar{R}_T) = P(N_T | \sum Evidences) \\ m_j(R_T \cup \bar{R}_T) = 1 - m_j(R_T) \end{cases} \qquad (4.27)$$

Cette procédure est reprise sur l'ensemble de sorties de la classification (représentant chacune une tumeur) pour les deux sources disponibles.

4.4. Critères de combinaison et de décision

Après la définition des fonctions de masse pour les sources disponibles, il ne reste qu'à appliquer les critères de combinaison pour retourner les cas les plus proches au cas requête. Nous menons une étude comparative sur les meilleures performances réalisées en utilisant successivement le critère de croyance, le critère de plausibilité et le critère de la probabilité pignistique (présentés dans la section 2.1).

La fusion des fonctions de croyances issues des deux sources de données sont combinées en utilisant la règle de Dempster $m_\oplus$. En considérant les deux sources m_1 et m_2, cette opération est donnée par la formule suivante :

$$(m_1 \cap m_2) = \sum_{t=1}^{T} m_1^t \oplus m_2^t \qquad (4.28)$$

A ce niveau, nous disposons d'un ensemble de scores représentant, chacun d'eux, un cas de la base de données. La décision finale sur les cas les plus similaires est déduite en confrontant chacun de ces scores avec le score du cas requête courant. Nous reproduisons le même processus de calcul de similarité présenté dans la cinquième section du deuxième chapitre.

5. Approche de recherche d'informations multimodale basée sur la fusion des résultats des deux modules de recherche uni-sources

5.1. Contexte de l'idée de fusion

La deuxième stratégie de fusion adoptée dans un cadre de recherche d'informations consiste à fusionner les décisions de modules de recherche mono-source. La décision retournée par un module de recherche consiste en un vecteur de cas triés considérés comme similaires à un cas requête. En fusionnant les décisions provenant de plusieurs modules de recherche, la combinaison prend en considération un ensemble de critères tels que le rang du cas retourné ainsi que sa fréquence d'apparition dans les sources existantes. La décision finale est établie sur la base d'un score qui doit être normalisé par des techniques de fusion (Smarandache *et al.*, 2006). Nous distinguons dans la littérature deux principales approches de fusion pour une finalité de recherche des cas : le modèle de fusion des représentations des cas et le modèle de fusion des cas retournés. Ces deux modèles offrent une stratégie d'adaptation intéressante des cas multiples. Une illustration de ces deux modèles est proposée dans la figure 4.10.

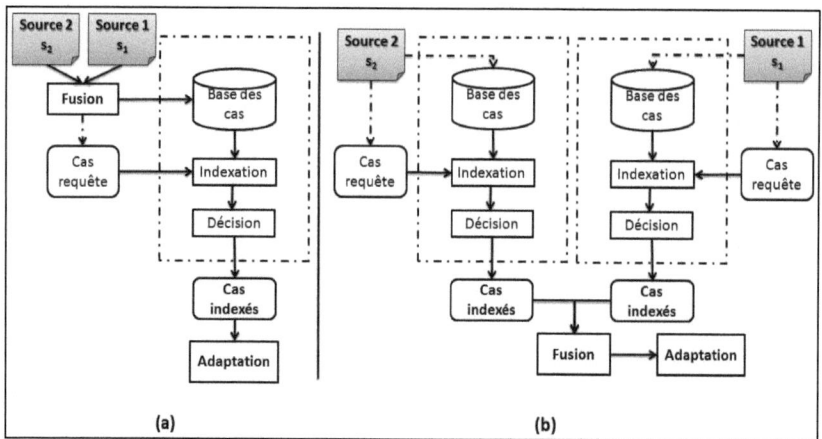

Figure 4.10. *Modèles de fusion dans le cadre de recherche à base de cas : (a) la fusion des représentations des cas, (b) : la fusion des cas recherchés*

5.1.1. Modèle de fusion des représentations des cas

Le modèle de fusion des représentations constitue une solution intéressante permettant de manipuler et intégrer les sources de données structurées et non structurées (Smarandache *et al.*, 2004). La combinaison est appliquée sur les intervalles de données provenant de sources variées. Chaque source possède un facteur de risques bien déterminé. Dans le cas d'une fusion de données médicales, un seul vecteur de caractéristiques est déduit à partir d'un ensemble de vecteurs représentant les différentes données hétérogènes d'un dossier patient. A partir de cette structure, une requête est confronté à un seul module de décision afin de retourner les cas les plus proches(Bloch, 1996).

5.1.2. Modèle de fusion des cas retournés

Le deuxième modèle est fondé sur la base d'une fusion de décisions locales issues des modules de recherche mono-source. Chaque source traite, indépendamment, la requête de recherche avec les données disponibles décrivant un cas, nous parlons ici d'un 'cas partiel'. Dans le cadre médical, un dossier patient est réparti en un ensemble de vecteurs de descripteurs discriminés selon le type d'informations fourni. Chaque vecteur est introduit séparément dans la source qui lui correspond pour donner en résultat un vecteur des cas similaires à un cas requête (Smarandache *et al.*, 2004). Fréquemment, les résultats retournés par les modules de recherche mono-sources ne sont pas similaires. Ces résultats doivent être filtrés par un module approprié qui est capable de fusionner les sorties de différentes sources tout en améliorant la pertinence des décisions prises. Deux méthodes de fusion sont définies dans ce contexte : la méthode à simple crédit et la méthode à double crédit.

- **La méthode à simple crédit:**

Supposons avoir deux sources S_1 et S_2 présentant successivement les vecteurs de résultats $A = \{C_1^A, C_2^A, ..., C_N^A\}$ et $B = \{C_1^B, C_2^B, ..., C_N^B\}$, l'idée de ce modèle consiste à fusionner les cas indiqués dans les deux sources tout en supprimant les résultats redondants. Ainsi, un cas retourné dans les deux sources n'est pas pondéré, l'adaptation de la décision finale est prise comme suit :

$$F(S_1, S_2) = A \cap B \qquad (4.29)$$

- **La méthode à double crédit :**

Dans cette méthode, la fusion est faite en pondérant les doublons dans les décisions. Un cas retourné dans les deux sources est jugé plus pertinent puisqu'il a été le sujet d'un compromis entre elles. Dans ce cas, l'adaptation est donnée comme suit :

$$F(S_1, S_2) = A \cup B \qquad (4.30)$$

Dans notre approche, nous avons choisi d'appliquer le modèle de fusion des cas retournés avec la méthode à double crédit. Nous disposons de deux modules de recherche, chacun d'eux doit retourner une décision sur l'ensemble de cas similaires à un cas requête. Chaque module prend en entrée un vecteur de caractéristiques correspondant au type de données traité. L'architecture du modèle de fusion est donnée dans la figure 4.11.

Dans de tels problèmes, la modélisation du cadre de discernement est délicate puisque les données introduites sont largement conflictuels. Une procédure de réduction de la taille de données s'avère nécessaire dans cette situation. Ainsi, nous accordons dans cette approche un intérêt à la bonne description du cadre de discernement et à la formulation d'un ensemble de règles de combinaison pertinentes.

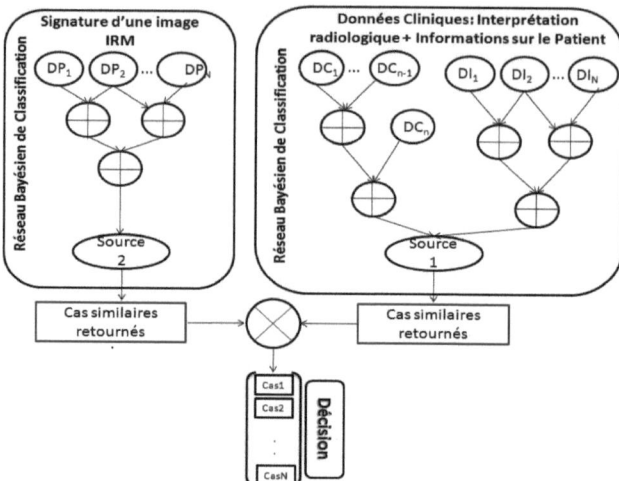

Figure 4.11. *Architecture du modèle de fusion*

5.2. Cadre de discernement

L'estimation du cadre de discernement dans cette approche est plus compliquée que celle dans l'approche de fusion des classifieurs. Le principe consiste à estimer la probabilité que chaque cas C_i de la base des cas soit similaire à un cas C_r placé en requête. Etant donné une source de données S, un ensemble de cas triés est retourné tout en validant l'hypothèse suivante : le cas C_i est similaire au cas requête C_r selon un degré de compatibilité D_i et avec un rang k. Une hypothèse est, donc, récupérée pour chaque cas C_i dans une fenêtre de retrouvaille N. Chaque hypothèse est construite sur la base du score de similarité du cas C_i concerné ainsi que son rang. Par ailleurs, le cadre de discernement comprend l'ensemble des hypothèses dans la fenêtre de retrouvaille du cas concerné, schématisé par $\theta = \{C_1, C_2, .., C_N\}$.

5.3. Modélisation des hypothèses en des fonctions de masse de croyance

Afin de bien modéliser toutes les hypothèses existantes dans les fonctions de la masse de croyance, nous utilisons le modèle libre, noté $M^f(\theta)$. Le modèle libre généralise l'affection des masses de croyances illustrant les éléments de 2^θ en introduisant à la fois les opérateurs ∩ et ∪. Pour chaque cas C_i retourné par une source S, il est considéré comme une hypothèse qui nécessite une modélisation des fonctions de masse de croyance. Le calcul des fonctions de croyance est établi sur la base de deux dimensions :

- Un ensemble de critères de décision (croyance, plausibilité et probabilité pignistique), calculés en utilisant le score de similarité avec lequel un cas a été récupéré,
- Une pondération reflétant son rang dans le vecteur des résultats.

La probabilité finale $P(R_i)$ pour que le cas C_i soit compatible avec le cas C_r est évaluée après la combinaison des critères de croyance et de plausibilité. La masse de croyance pour chaque élément du cadre de discernement est donnée par $P(R_i) = \{\emptyset, R, \overline{R}, R \cup \overline{R}, R \cap \overline{R}\}$.

Les différents éléments de la masse de croyance sont définis comme suit :

$$\begin{aligned} m(R_i^j) &= \text{Bel}(R_i^j) \\ m(R_i^j \cup \overline{R}_i^j) &= \text{Pl}(R_i^j) - \text{Bel}(R_i^j) \\ m(\overline{R}_i^j) &= 1 - m(R_i^j) - m(R_i^j \cup \overline{R}_i^j) \\ m(R_i^j \cap \overline{R}_i^j) &= \text{BelP}(R_i^j) \end{aligned} \quad (4.31)$$

Après le calcul des fonctions de croyance, une procédure d'allocation d'une pondération sur la base du rang de C_i est établie.

5.4. Critères de combinaison et de décision

Nous choisissons d'utiliser la règle de fusion PCR5 qui est bien appréciée dans les problèmes de fusion avec un degré de conflit élevé (Smarandache *et al.*, 2009). La règle PCR5 traite le conflit possible entre les éléments impliqués en faisant une redistribution proportionnelle des conflits partiels uniquement. Pour les opérateurs PCR les plus simples (PCR1 et PCR2), c'est la masse conflictuelle totale qui est redistribuée (Smarandache *et al.*, 2009). Tandis que, pour les autres opérateurs, la procédure de redistribution concerne chaque masse conflictuelle partielle. Les règles PCR5 et PCR6 (identiques dans le cas de deux sources) sont les plus exactes mathématiquement. Etant donné deux sources d'informations, la règle PCR5 est donnée par :

$$m_{PCR}(X) = m_{12}(X) + \sum_{\substack{Y \in 2^\theta \\ X \cap Y = \emptyset}} \left(\frac{m_1(X)^2 m_2(Y)}{m_1(X) m_2(Y)} + \frac{m_2(X)^2 m_1(Y)}{m_2(X) m_1(Y)} \right) \quad (4.32)$$

Où $m_{12}(.)$ est la combinaison orthogonale pour deux sources.

La phase de combinaison dans cette approche concerne l'ensemble des critères de décision. Considérant la source m_j, la combinaison entre C_i et C_r pour déduire P(R) intègre à la fois $Pl(C_r, C_i)$, $Bel(C_r, C_i)$ et $BelP(C_r, C_i)$. Cette procédure est reprise sur tous les cas de test existants. Après cette procédure, les deux fonctions de masse issues de deux sources sont fusionnées en utilisant la règle PCR5. Ceci est donné par :

$$\forall i = 1,..,M, Score(C_r, C_i) = m_{PCR\,5}(C_r, C_i) \qquad (4.33)$$

Où M est le nombre total des cas dans la base de données. La précision moyenne des cas testés est déduite à partir de la fusion des trois valeurs $Pl(C_i)$, $Bel(C_i)$ et $BelP(C_i)$. La phase finale d'adaptation va garder les N cas (fenêtre de retrouvaille) les plus proches au cas requête en éliminant tous les cas classés à partir de $N+1$ dans le vecteur de résultat suite aux différentes étapes de fusion.

6. Résultats Expérimentaux

6.1. Données expérimentales

Les différentes expérimentations qui ont été réalisées dans ce chapitre ont pour objectif l'évaluation des performances du processus de fusion dans les deux approches proposées. Ces évaluations ont été conduites sur la même base de données des dossiers patients contenant des tumeurs cérébrales utilisée dans les deux chapitres précédents. Chaque dossier patient est représenté par son interprétation radiologique ainsi qu'une image sélectionnée du cliché IRM initial. Pour tous les cas introduits dans les expérimentations, nous avons choisi une image issue de la coupe axiale en pondération T2. Trois séries d'évaluations sont, alors, menées dans ce chapitre. Nous évaluons tout d'abord la meilleure configuration des paramètres à choisir dans la phase de classification à base d'une image. Ensuite, une comparaison entre les deux approches de fusion est menée dans une deuxième série. Après, une dernière évaluation qui consiste à comparer les résultats de recherche avec ceux des approches citées dans les chapitres précédents (SIGN-COMP, PROPAG-TREE et SIGN-POSS).

6.2. Evaluation de la performance de la classification à base d'images

Dans cette première série, nous évaluons la performance du classifieur bayésien à base de la signature visuelle. L'objectif de cette expérimentation consiste à estimer la meilleure configuration des paramètres à adopter dans la phase de prétraitement (extraction des caractéristiques, normalisation, sélection des meilleurs descripteurs et discrétisation). Nous rappelons que la phase de prétraitement vise à garder les attributs les plus importants dans un espace avec une dimension réduite. La configuration optimale des paramètres de prétraitement d'images n'est pas universelle et elle varie d'un contexte à un autre.

La figure 4.12 illustre une comparaison des taux de précisions issues de la procédure de classification à base de la signature visuelle d'une image IRM en fonction de deux critères. Le premier critère concerne le type d'informations utilisé dans la procédure de classification. Nous rappelons que l'image initiale subit une indentification de l'information pour avoir deux isolations : le tissu tumoral et le tissu œdémateux. Ainsi, la comparaison est faite en introduisant, successivement, une première image représentant le tissu tumoral et une deuxième image définissant le tissu œdémateux. Le deuxième critère s'intéresse au nombre de descripteurs à maintenir après l'étape de la réduction des descripteurs issus de la signature visuelle.

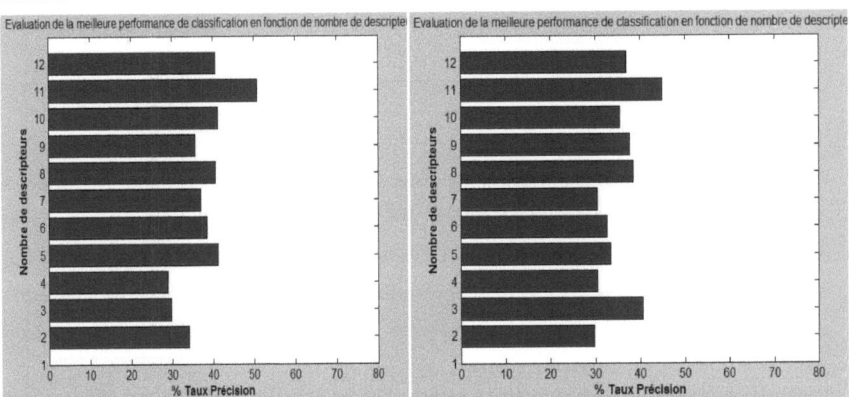

Figure 4.12. *Comparaison de la meilleure performance en variant le nombre de descripteurs introduits (à gauche : image de tissu tumoral, à droite : image de tissu œdémateux)*

A partir de cette figure, nous remarquons que la performance de la classification est meilleure lorsque l'information concernant le tissu tumoral est introduite. Aussi, nous observons une nette suprématie du taux de précision lorsque nous utilisons 11 descripteurs dans la procédure de classification (taux précision =55%). De ce fait, nous allons maintenir cette configuration, considérée comme optimale, dans les prochaines expérimentations.

6.3. Evaluation des deux approches de recherche par fusion

Cette deuxième série expérimentale vise à évaluer la performance des deux approches présentées dans les sections 5.3 et 5.4. Dans ce qui suit, la première approche, basée sur la fusion des classifieurs bayésiens, est nommée PROB-FUSION tandis que la deuxième approche, basée sur la fusion des modules de recherche uni-source, est nommée RETRIEV-FUSION. Les résultats en termes de précision et de taux de retour sont présentés dans le tableau 4.1.

Tableau 4.1. *Comparaison des indices de performance dans le cadre de la recherche des cas entre les approches PROB-FUSION et RETRIEV-FUSION (%)*

	PROB-FUSION		RETRIEV-FUSION	
Indice	Précision	Retour	Précision	Retour
1er Cross	55	26,82	85	41,46
2ème Cross	60	20,33	75	25,42
3ème Cross	65	26,53	85	34,69
4ème Cross	70	21,53	80	24,61
5ème Cross	60	17,39	90	26,08
Taux moyen	62	22,52	83	30,45

Dans ce qui suit, nous allons tester et comparer la robustesse des deux approches actuelles avec l'approche possibiliste (POSS-SIGN) ainsi que les deux approches dans le cadre bayésien (SIGN-COMP et PROPAG-TREE). Nous proposons de travailler avec des niveaux d'incertitude. Chaque niveau est défini en supprimant des attributs définis choisis au hasard à partir du vecteur d'attributs initial du cas requête. Les résultats sont schématisés sur la figure 4.13.

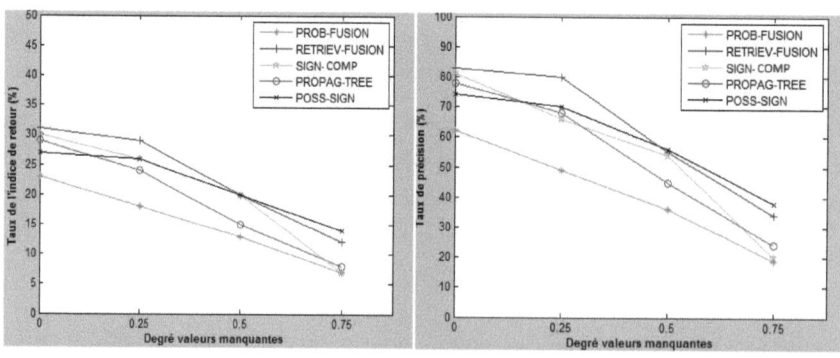

Figure 4.13. *Comparaison du taux de robustesse en fonction des degrés des valeurs manquantes (à droite taux de précision et à gauche taux de l'indice de retour)*

Clairement, l'approche RETRIEV-FUSION est la plus performante en termes de précision et du taux de retour. Cependant, l'approche PROB-FUSION n'a pas marqué des résultats déterminants en la comparant avec ceux issus des approches se basant sur une source unique d'informations (SIGN-COMP, PROPAG-TREE et POSS-SIGN).

La dernière expérimentation concerne l'évaluation du temps de réponse. Le tableau 4.2 compare le temps de réponse moyen nécessaire pour sélectionner les cas les plus proches à un dossier requête. Nous gardons la même configuration matérielle utilisée dans les chapitres précédents.

Tableau 4.2. *Temps de réponse moyen d'une procédure complète recherche (en secondes)*

	Prétraitement d'une Image	Temps de classification	Similarité et décision	Temps total
PROPAG-TREE	-	3.2s	0.3s	3.5s
SIGN-COMP	-	3s	0.2	3.2s
PROB-FUSION	8.6s	4.5s	0.4s	13.5s
RETRIEV-FUSION	9s	5.3s	0.4s	14.7s

A partir de ce tableau, nous observons que le temps alloué à une procédure de recherche dans un cadre multimodal a nettement augmenté. Ce temps dépasse du loin celui marqué par les approches de recherche mono-source dans le cadre bayésien et dans le cadre possibiliste.

6.4. Discussion

Ce chapitre a été consacré à la recherche d'informations médicales basée sur deux sources d'informations. Pour cela, nous avons proposé deux approches de fusion appliquées dans la problématique de recherche des cas médicaux cérébraux. La première approche exploite les données de la classification bayésienne pour établir la fusion tandis que la deuxième approche se base sur la fusion des modules de recherche mono-source. Nous allons revenir dans cette section sur l'ensemble des résultats obtenus suite aux séries d'expérimentations diversifiées.

Nous nous sommes, tout d'abord, intéressés à l'évaluation de la meilleure configuration du classifieur bayésien basé sur la signature visuelle du contenu. Pour cela, nous avons varié les paramétrages possibles sur l'ensemble des méthodes dans la phase de prétraitement. A titre d'illustration, le nombre de descripteurs optimal qui réalise la meilleure classification est fixé à 11. Davantage, nous avons dressé une comparaison des performances du classifieur bayésien tout en variant l'information introduite (tissu tumorale ou tissu œdémateux). Comme conclusion, nous observons une nette suprématie des résultats de classification basée sur une image du tissu tumoral.

Le deuxième volet d'expérimentations est consacré à l'évaluation des résultats de recherche des deux approches proposées. Le tableau 6.1 dresse une comparaison entre la performance de l'approche PROB-FUSION et l'approche RETRIEV-FUSION. Ce tableau illustre clairement la suprématie de l'approche RETRIEV-FUSION en termes de précision (83%) et de l'indice de retour (30,4%). Cependant les résultats de l'approche PROB-FUSION ont été décevants en réalisant des performances moyennes (62% et 22.5%). Cette même observation a été approuvée dans la série d'évaluation de la robustesse. En effet, en dressant la figure comparant toutes les approches de recherche proposées dans ce travail, la meilleure performance en termes de robustesse face aux données incomplètes a été marquée par l'approche RETRIEV-FUSION. Du point de vue temps de réponse, l'amélioration de la performance des résultats de recherche réalisée par l'approche RETRIEV-FUSION a été cautionnée par une augmentation du temps nécessaire, essentiellement, dans l'extraction de la signature visuelle issue de l'image. Pour conclure, nous constatons que toutes les approches proposées sont trop proches en termes d'indices de performances. Les meilleurs indicateurs de performance sont obtenus par l'approche RETRIEV-FUSION qui dépasse légèrement les autres approches. Cependant, cette performance est cautionnée par un temps de réponse important et plus couteux par rapport aux approches uni sources.

Conclusion

Dans ce chapitre, nous avons proposé deux approches de fusion d'informations multimodales incorporées dans une problématique de recherche des tumeurs cérébrales. Le choix a été orienté à adopter les principes de la théorie évidentielle, connue par sa bonne résolution de telles problèmes. Deux sources d'informations sont introduites dans ce travail : L'interprétation radiologique d'un dossier patient et la signature visuelle extraites d'une image IRM. Deux approches de fusion sont proposées dans ce chapitre : La première approche est basée sur la fusion des probabilités issues de la classification. La deuxième approche est fondée sur la fusion des résultats de recherche, qui sont les cas les plus proches à un cas requête. L'objectif de la phase expérimentale est de valoriser l'apport de la décision multi source en comparant les deux approches discutées dans ce chapitre avec les approches mono-source discutées dans les deux chapitres précédents (cadre probabiliste et cadre possibiliste). Ce travail actuel peut constituer la genèse d'un système complet de recherche basé sur la fusion des décisions parvenues de différentes sources multimodales utilisées dans les services médicaux.

Conclusion Générale

L'évolution incrémentale des données numériques a conduit à la création des bases de données structurées. Dans ce contexte, plusieurs systèmes d'archivage, de recherche et d'aide au diagnostic sont proposés grâce à l'évolution perpétuelle de la technologie d'information. Dans le domaine médical, les informations numériques se distinguent par leur rôle important dans le processus du diagnostic médical. Ces informations sont relatives aux patients, aux pathologies et aux connaissances des traitements médicaux et peuvent être réutilisées essentiellement dans l'aide au diagnostic, la formation, etc. Ce constat justifie l'intérêt accru accordé aux systèmes de recherche d'informations appliqués dans le domaine médical.

Dans ce contexte, les travaux présentés dans cette thèse s'inscrivent dans le cadre de l'indexation et de la recherche d'informations dans le domaine médical. La méthodologie appliquée est basée sur l'exploration des modèles graphiques afin de résoudre la problématique de recherche traitée. Nous nous sommes intéressés essentiellement au traitement d'une pathologie répandue qui engendre une difficulté dans son interprétation, à savoir les tumeurs cérébrales.

La première partie de cette thèse expose la thématique et le cadre d'études de ce travail. Après la description des propriétés de la recherche d'informations, une étude synthétique des approches de recherche d'informations proposées dans la littérature a été menée tout en mettant en valeur les travaux opérant dans le domaine médical. Ce travail a mis l'accent essentiellement sur le module de similarité dans le processus de recherche. Ainsi, nous avons consacré une section dans la première partie à l'étude de la mesure de similarité et les principaux modèles proposés par la littérature. Dans La dernière section de cette partie, nous avons présenté le domaine étudié qui concerne les tumeurs cérébrales. Par là, nous avons présenté les propriétés de cette pathologie ainsi que son processus d'interprétation. Nous avons focalisé nos efforts à la définition des caractéristiques observées par les radiologues lors de l'écriture du rapport d'interprétation.

La deuxième partie a été consacrée à la présentation des approches de recherche dans divers cadres de présentation d'informations et de décision. Ainsi, trois cadres de décision ont été présentés et discutés : le cadre probabiliste bayésien, le cadre possibiliste et le cadre évidentiel. Le premier cadre a été destiné à la proposition de l'approche de recherche dans le cadre probabiliste. Nous avons choisi d'appliquer les principes des modèles graphiques bayésiens qui constituent un outil performant pour les systèmes de traitement des connaissances. Ces modèles sont appréciés dans les problèmes de recherche puisqu'ils démontrent une efficacité dans le traitement de l'incertitude et de l'imprécision. Le principe de recherche proposé se base essentiellement sur des réseaux bayésiens de classification qui fournissent un ensemble de paramètres incorporés dans la formulation de la mesure de similarité. Ainsi, deux mesures de similarités ont été décrites : la première est basée sur la correspondance des nœuds des modèles de classification et la deuxième est fondée sur le principe de la comparaison des chemins de propagation d'information dans les mêmes modèles de classification. Dans le deuxième cadre, une modélisation possibiliste de la problématique est proposée. A partir des propriétés des réseaux possibilistes, un modèle de représentation du cadre d'études et de classification des tumeurs cérébrales est construit. La propagation possibiliste est cruciale dans la démarche décrite puisque la mesure de similarité est construite sur la base des valeurs des nœuds récupérées lors de cette propagation. L'approche de recherche dans le cadre possibiliste construit est comparée à celles proposées dans le cadre bayésien, présentées dans le chapitre précédent. A partir des séries d'expérimentations, nous déduisons que le modèle possibiliste démontre une suprématie claire lors du traitement des situations où les données sont incomplètes. Le principe de raisonnement possibiliste adapté aux situations d'incertitude est justifié dans notre approche étant donné que, dans le cadre réel, les données médicales issues des dossiers patients sont généralement incomplètes. Le troisième cadre a été consacré à une contribution de fusion de données introduite dans la problématique traitée. Autre que la source basée sur l'interprétation radiologique, nous avons introduit une nouvelle source de données fondée sur un module de recherche à base de signature visuelle des images IRM dans le dossier patient. Nous avons choisi d'appliquer la théorie évidentielle pour assurer la tâche de la fusion d'informations. Après avoir présenté les principes et les propriétés de la théorie évidentielle, nous avons présenté deux approches de recherche multimodale par une fusion des décisions: la première est basée sur la fusion des classifieurs et la deuxième est fondée sur la fusion des modules de recherche mono-source. Les séries d'expérimentations démontrent que la fusion des résultats à base des modules de recherche marque la meilleure performance par rapport au modèle à base de classifieurs ainsi que par rapport aux modèles uni-sources détaillés dans le chapitre 3 et chapitre 4 (cadre bayésien et cadre possibiliste).

Conclusion Générale

Dans les différents tests d'évaluation menés dans les trois cadres d'études, nous avons comparé la performance de nos contributions avec des algorithmes validés dans la littérature. La comparaison concerne essentiellement les deux principales phases du processus de recherche suivi dans ce travail : la classification ainsi que la mesure de similarité et la décision. La performance des contributions présentées dans les deux phases marquent une suprématie claire par rapport à celles retournées par les algorithmes introduits dans les différentes séries expérimentales.

Les contributions présentées dans ce travail son appliquées sur une problématique de recherche des dossiers contenant des tumeurs cérébrales et ceci en modélisant les propriétés de cette pathologie avec les modèles graphiques. La réutilisation des approches proposées sur d'autres pathologies nécessitent un travail de modélisation qui prend en considération les caractéristiques et le processus de diagnostic suivi dans un cadre réel. Ces caractéristiques diffèrent d'une pathologie à une autre. Cependant, les approches proposées dans l'étape de la représentation des connaissances, de la classification, de la mesure de similarité et de la décision sont génériques et applicables sur toute problématique. Nous signalons l'intérêt de penser à modéliser une structure standard qui peut être, appliquée sur n'importe quelle pathologie traitée, dans un futur travail de recherche.

- **Les perspectives**

Ce travail actuel ouvre plusieurs perspectives. En effet, l'objectif principal de la discipline de recherche dans le domaine médical se manifeste dans l'amélioration de la pertinence des décisions prises. L'une des pistes sollicitées dans ce travail consiste à introduire des nouvelles sources d'informations dans le processus de décision afin d'assurer cette performance. La variété de différentes coupes et séquences IRM cérébral, constituant un cliché d'images, peut être le point de départ d'une contribution de recherche à base de coupes d'images variées.

Davantage, nous mentionnons l'intérêt d'introduire la contribution actuelle dans un système de raisonnement à base de cas appliqué dans le domaine médical. En effet, les dossiers patients similaires à un cas requête peuvent être exploités, dans ce contexte, en reprenant une conduite diagnostique suivie sur le cas courant. La pertinence des résultats de recherche enregistrée par nos approches auront un impact positif sur la précision des conduites diagnostiques sélectionnées. Également, l'idée fondamentale de l'approche de recherche proposée dans cette thèse peut être appliquée et testée sur d'autres bases de données représentant des cadres d'informations différents. Les bases de données médicales sont les cibles prioritaires.

Comme conclusion, les travaux présentés dans cette thèse se situent dans le cadre de l'évolution importante de la recherche d'informations appliquée dans le domaine médical. Le processus du diagnostic actuel envisagé par les médecins nécessite des sources supplémentaires d'informations pour affiner les décisions à entreprendre. Les bases des cas confirmés et contenant des suggestions thérapeutiques devraient faciliter les protocoles des cliniciens dans leurs pratiques quotidiennes.

Bibliographie

Aggarwal C.C., « Graphical Models for Uncertain Data », *Springer Managing and Mining Uncertain Data, Advances in Database Systems*, vol. 35, 2009, p. 1–36.

Akgül C.B., Rubin D.L., Napel, S., Beaulieu, C.F., Greenspan, H., Acar, B., « Content-Based Image Retrieval in Radiology: Current Status and Future Directions », *Journal of Digital Imaging*, vol. 24, n° 2, 2011, p. 208–222.

Aksoy S., Haralick R.M., « Feature normalization and likelihood-based similarity measures for image retrieval », *Pattern Recognition Letters*, vol. 22, n° 5, 2001, p. 563–582.

Al-Okaili R.N., Krejza J., Wang S., Woo J.H., Melhem E.R., « Advanced MR Imaging Techniques in the Diagnosis of Intraaxial Brain Tumors in Adults », *Radiographics*, vol. 26, 2006, p. 173–189.

Al-Okaili R.N., Krejza J., Woo J.H., Wolf R.L., O'Rourke D.M., Judy K.D., Poptani H., Melhem E.R., « Intraaxial brain masses: MR imaging-based diagnostic strategy-- initial experience », *Radiology*, vol. 243, n° 2, 2007, p. 539–550.

Alsun M.H., Lecornu L., Solaiman B., « Possibilistic Medical Knowledge Representation Model », *Journal of Advances of Information Fusion*, vol. 7, n° 2, 2012, p. 101–113.

Alto H., Rangayyan R.M., Desautels J.E.L., « Content-based retrieval and analysis of mammographic masses », *Journal of Electronic Imaging*, vol. 14, n° 2, 2005, p. 172–190.

Ammar S., Leray P., « Mixture of Markov trees for Bayesian network structure learning with small datasets in high dimensional space », *Proceedings of the 11th European Conference on Symbolic and Quantitative Approaches to Reasoning with Uncertainty, ECSQARU'11*, Berlin, 2011, p. 229–238.

Amor N.B., Benferhat S., Mellouli K., « Anytime propagation algorithm for min-based possibilistic graphs », *Soft Computing*, vol. 8, n° 2, 2003, p. 150–161.

Amor N.B., Benferhat S., Mellouli K., Smaoui S., « Inférence dans les réseaux possibilistes basés sur le conditionnement ordinal », *Revue d'Intelligence Artificielle*, vol. 21, n° 4, 2007, p. 489–519.

Amores J., Radeva P., « Registration and retrieval of highly elastic bodies using contextual information », *Pattern Recognition Letters*, vol. 26, n° 11, 2005, p. 1720–1731.

Antani S., Lee D.J., Long L.R., Thoma G.R., « Evaluation of shape similarity measurement methods for spine X-ray images », *Proceedings of CME International Conference on Complex Medical Engineering*, 2007, p.52–757.

Appriou A., Formulation et traitement de l'incertain en analyse multi-senseurs, rapport de recherche, 1993, GRETSI, Groupe d'Etudes du Traitement du Signal et des Images.

Appriou A., Probabilités et incertitude en fusion de données multi-senseurs, rapport de recherche n° 188, 2013, Office national d'études et de recherches aerospatiales, Châtillon, France.

Arif M., Fusion de données ; ultime étape de reconnaissance de formes : application à l'identification et à l'authentification, Thèse de Doctorat, Université de Tours, 2005.

Armstrong J.S., « Judgment under uncertainty: heuristics and biases », *Journal of Forecasting*, vol. 3, n° 2, 1984, p. 235–239.

Aslandogan Y.A., Yu C.T., « Multiple Evidence Combination in Image Retrieval: Diogenes Searches for People on the Web », *Proceedings of the 23rd Annual International ACM SIGIR Conference on Research and Development in Information Retrieval*, New York, NY, USA, 2000, p. 88–95.

Atlas S.W., *Magnetic resonance imaging of the brain and spine*, Philadelphia Lippincott Williams & Wilkins, 2009.

Benferhat S., Smaoui S., « Inferring interventions in product-based possibilistic causal networks », *Fuzzy Sets and Systems*, vol. 169, n° 1, 2011, p. 26–50.

Benferhat S., Tabia K., « Inference in possibilistic network classifiers under uncertain observations », *Annals of Mathematics and Artificial Intelligence*, vol. 64, n° 2, 2012, p. 269–309.

Bergmann R., Althoff K.-D., Minor M., Reichle M., Bach K., « Case-Based Reasoning – Introduction and Recent Developments », *Künstliche Intelligenz: Special Issue on Case-Based Reasoning*, vol. 23, n° 1, 2009, p. 5–11.

Bergmann R., Stahl A., « Similarity measures for object-oriented case representations », *Advances in Case-Based Reasoning Lecture Notes in computer science*, vol. 1488, 1998, p. 25–36.

Bessai Mechmache F.-Z., Boughanem M., Alimazighi Z., « Recherche d'information structurée. Vers un modèle possibiliste pour la recherche d'information dans des documents structurés », *Document numérique*, vol. 10, n° 1, 2007, p. 109–130.

Blair D.C., « Information Retrieval », *Journal of the American Society for Information Science*, vol. 30, n° 6, 1979, p. 374–375.

Bloch F., Hansen W.W., Packard M., « The Nuclear Induction Experiment », *Physical Review Letters*, vol. 70, 1979, p. 474–485.

Bloch I., « Some aspects of Dempster-Shafer evidence theory for classification of multi-modality medical images taking partial volume effect into account », *Pattern Recognition Letters*, vol. 17, n° 8, 1996, p. 905–919.

Bloch I., *Fusion d'informations en traitement du signal et des images*, Hermes Science Publications, 2003.

Boberek M., Saeed K., « Segmentation of MRI Brain Images for Automatic Detection and Precise Localization of Tumor », *Image Processing and Communications Challenges 3 Advances in Intelligent and Soft Computing*, vol. 102, 2011, p. 333–341.

Borgelt C., Gebhardt J., Kruse R., Inference Methods, Chapitre de rapport Handbook of Fuzzy Computation, 1998, Institute of Physics Pub.

Borgelt C., Gebhardt J., Kruse R., « Possibilistic Graphical Models », *Proceedings of International School for the Synthesis of Expert Knowledge*, 2002, p. 51–68.

Boudraa A.-O., Bentabet A., Salzenstein F., « Dempster-Shafer's Basic Probability Assignment Based on Fuzzy Membership Functions », *Electronic Letters on Computer Vision and Image Analysis*, vol. 4, n° 1, 2004, p. 1 – 10.

Boughanem M., Brini A., Dubois D., « Possibilistic networks for information retrieval », *International Journal of Approximate Reasoning*, vol. 50, n° 7, 2009, p.957–968.

Bramon R., Boada I., Bardera A., Rodriguez J., Feixas M., Puig J., Sbert M., « Multimodal Data Fusion Based on Mutual Information », *IEEE Transactions on Visualization and Computer Graphics*, vol. 18, n° 8, 2012, p. 1574–1587.

Brian R., Gaines L.J.K., « The Logic of Automata », *International Journal of General Systems*, vol. 2, n° 1, 2008, p. 191–208.

Brini A.H., Boughanem M., Dubois D., « A Model for Information Retrieval Based on Possibilistic Networks », *String Processing and Information Retrieval, Lecture Notes in Computer Science*, vol. 3772, 2005, p. 271–282.

Bruza P.D., Gaag L.C., Index expression belief networks for information disclosure, rapport de recherche, 1992, Queensland University of Technology.

Bunke H., Messmer B.T., « Similarity measures for structured representations », *Topics in Case-Based Reasoning, Lecture Notes in Computer Science*, vol. 837, 1994, p. 106–118.

Burkhard H.-D., « Similarity and Distance in Case Based Reasoning », *Fundamenta Informaticae*, vol. 47, n°3, 2011, p. 201–215.

Burnside E.S., Rubin D.L., Fine J.P., Shachter R.D., Sisney G.A., Leung W.K., « Bayesian network to predict breast cancer risk of mammographic microcalcifications and reduce number of benign biopsy results: initial experience », *Radiology*, vol. 240, n° 3, 2006, p. 666–673.

Campos L.M., Fernández-Luna J.M., Huete J.F., « Two term-layers: an alternative topology for representing term relationships in the Bayesian Network Retrieval Model », *Springer Advances in Soft Computing*, 2003, p. 213–223.

Carson C., Belongie S., Greenspan H., Malik J., « Blobworld: image segmentation using expectation-maximization and its application to image querying », *IEEE Transactions on Pattern Analysis and Machine Intelligence*, vol. 24, n° 8, 2002, p. 1026–1038.

Castillo E., Gutierrez J.M., Hadi A.S., *Expert Systems and Probabilistic Network Models*, 1st ed. Springer, 1996.

Cauvin J.-M., Le Guillou C., Solaiman B., Robaszkiewicz M., Le Beux P., Roux C., « Computer-assisted diagnosis system in digestive endoscopy », IEEE *Transactions on Information Technology in Biomedicine*, vol. 7, n° 4, 2003, p. 256–262.

Chang S.-K., Hsu A., « Image information systems: where do we go from here? », *IEEE Transactions on Knowledge and Data Engineering*, vol. 4, n°5, 1992, p. 431–442.

Chatzichristofis S.A., Boutalis Y.S., « FCTH: Fuzzy Color and Texture Histogram - A Low Level Feature for Accurate Image Retrieval », *Proceedings of the Ninth International Workshop on Image Analysis for Multimedia Interactive Services*, WIAMIS, 2008, p. 191–196.

Chen X., Kwong S., Li M., « A compression algorithm for DNA sequences and its applications in genome comparison », *Proceedings of the Fourth Annual International Conference on Computational Molecular Biology*, New York, NY, USA, 2000, p. 107–118.

Chevallet J.-P., Lim J.-H., Leong M.-K., « Object Identification and Retrieval from Efficient Image Matching: Snap2Tell with the STOIC Dataset », *Springer Information Retrieval Technology, Lecture Notes in Computer Science*, vol. 3689, 2005, p. 97–112.

Chow C., Liu C., « Approximating discrete probability distributions with dependence trees. Information Theory », *IEEE Transactions on Information Theory*, vol. 14, n° 3, 1968, p. 462–467.

Cooper G.F., « The computational complexity of probabilistic inference using bayesian belief networks », *Artificial Intelligence*, vol. 42, n° 2, 1990, p. 393–405.

Costa M.J., Tsymbal A., Hammon M., Cavallaro A., Sühling M., Seifert S., Comaniciu D., « A Discriminative Distance Learning–Based CBIR Framework for Characterization of Indeterminate Liver Lesions », *Springer Lecture Notes in Computer Science*, 2012, p. 92–104.

Cowell R.G., Dawid P., Lauritzen S.L., Spiegelhalter D.J., Probabilistic Networks and *Expert Systems: Exact Computational Methods for Bayesian Networks*, Information Science and Statistics Series, Springer editions, 2007.

Cox I.J., Miller M.L., Minka T.P., Papathomas T.V., Yianilos P.N., « The Bayesian image retrieval system, PicHunter: theory, implementation, and psychophysical experiment », *IEEE Transactions on Image Processing*, vol. 9, n°1, 2000, p. 20–37.

Cunningham P., « A Taxonomy of Similarity Mechanisms for Case-Based Reasoning », *IEEE Transactions on Knowledge and Data Engineering*, vol. 21, n° 11, 2009, p. 1532–1543.

DA Savitz N.E.P., « Methodological issues in the epidemiology of electromagnetic fields and cancer », *Epidemiologic reviews*, vol. 11, n° 1, 1989, p. 59–78.

Datta R., Joshi D., Li J., Wang J.Z., « Image retrieval: Ideas, influences, and trends of the new age », *ACM Computing Surveys*, vol. 40, n° 5, 2008, p. 1–5.

De Oliveira J.E.E., Machado A.M.C., Chavez G.C., Lopes A.P.B., Deserno T.M., Araújo A. de A., « MammoSys: A content-based image retrieval system using breast density patterns», *Computational Methods Programs Biomedical*, vol. 99, 2010, p. 289–297.

Di Sciascio E., Donini F.M., Mongiello M., « Structured Knowledge Representation for Image Retrieval », *Journal of Artificial Intelligence Research*, vol. 16, n° 1, 2002, p. 209–257.

Donat R., Modélisation de la fiabilité et de la maintenance par modèles graphiques probabilistes : application à la prévention des ruptures de rail, Thèse de Docrorat, INSA de Rouen, 2009.

Doré P.-E., Fiche A., Martin A., « Models of belief functions; Impacts for patterns recognitions », *Proceedings of the 13th Conference on Information Fusion (FUSION), Edinburgh, UK*, 2010, p. 1–6.

Dromigny-Badin A., Rossato S., Zhu Y.M., « Fusion de données radioscopiques et ultrasonores via la théorie de l'évidence », *Traitement du signal*, vol. 14, n° 5, 2013, p. 499–510.

Dubois D., Foulloy L., Mauris G., Prade H., « Probability-Possibility Transformations, Triangular Fuzzy Sets, and Probabilistic Inequalities », *Reliable Computing*, vol. 10, n°4, 2004, p. 273–297.

Dubois D., Prade H., *Possibility Theory: An Approach to Computerized Processing of Uncertainty*, Plenum Press, 1988.

Dubois D., Prade H., « A Synthetic View of Belief Revision with Uncertain Inputs in the Framework of Possibility Theory », *International Journal of Approximate Reasoning*, vol. 17, n° 2, 1997, p. 295–324.

Dubois D., Prade H., « Possibility Theory », *Springer Computational Complexity*, 2012, p. 2240–2252.

Dubois D., Prade H., Sandri S., « On Possibility/Probability Transformations », *Fuzzy Logic Theory and Decision Library*, vol. 12, 1993, p. 103–112.

Edwards D., *Introduction to Graphical Modelling*, 2nd editions Springer, 2000.

Eidenberger H., *Handbook of Multimedia Information Retrieval*, Austria, Atpress, 2012.

ELAYEB B., *SARIPOD: SMA de Recherche Intelligente Possibiliste de Documents Web: Modélisation et Application*, Editions universitaires europeennes, 2010.

Elouedi Z., Mellouli K., Smets P., « Assessing sensor reliability for multisensor data fusion within the transferable belief model », *IEEE Transactions on Systems, Man, and Cybernetics*, vol. 34, n° 1, 2004, p. 782–787.

Fabiani P., « Dynamics of Beliefs and Strategy of Perception », *Proceedings at the ECAI Conference*, 1996, p. 8–12.

Fagin R., Kumar, R., Sivakumar, D., « Comparing top k lists », *Proceedings of the Fourteenth Annual ACM-SIAM Symposium on Discrete Algorithms, SODA '03*, Philadelphia, PA, USA, 2003, p. 28–36.

Falkman G., « Similarity Measures for Structured Representations: A Definitional Approach », *Proceedings of the 5th European Workshop on Advances in Case-Based Reasoning, EWCBR '00*, London, UK, 2000, p. 380–392.

Fisher R.A., « On the Mathematical Foundations of Theoretical Statistics », *Royal Society of London Philosophical Transactions*, vol. 222, 1922, 309–368.

Fonck P., « Conditional Independence in Possibility Theory », *Proceedings of the Tenth International Conference on Uncertainty in Artificial Intelligence, UAI'94*, San Francisco, USA, 1994, p. 221–226.

Friedman N., « The Bayesian Structural EM Algorithm », *Proceedings of the Fourteenth Conference on Uncertainty in Artificial Intelligence, UAI'98*, San Francisco, USA, 1998, p. 129–138.

Fuhr N., « Probabilistic Models in Information Retrieval », *The Computer Journal*, vol. 35, n° 3, 1992, p. 243–255.

Gebhardt J., Kruse R., « Background and perspectives of possibilistic graphical models », *Springer Qualitative and Quantitative Practical Reasoning, Lecture Notes in Computer Science*, 1997, p. 108–121.

Gelman A., Carlin J.B., Stern H.S., Rubin D.B., *Bayesian Data Analysis*, Second Edition, 2nd ed. Chapman and Hall/CRC, 2003.

Ghosh J.K., Valtorta M., « Building a Bayesian network model of heart disease », *Proceedings of the 38th Annual on Southeast Regional Conference*, New York, NY, USA, 2000, p. 239–240.

Gilks W., Thomas A., Spiegelhalter D., « A Language and Program for Complex Bayesian Modelling », *Journal of the Royal Statistical Society*, vol. 43, n° 1, 1994, p. 169–177.

Gletsos M., Mougiakakou S.G., Matsopoulos G.K., Nikita K.S., Nikita A.S., Kelekis D., « A computer-aided diagnostic system to characterize CT focal liver lesions: design and optimization of a neural network classifier », *IEEE Transactions on Information Technology in Biomedicine*, vol. 7, n° 3, 2003, 153–162.

Goffman W., « On relevance as a measure », *Information Storage and Retrieval*, vol. 2, n° 3, 1964, p. 201–203.

Goffman W., Newill V.A., « A methodology for test and evaluation of information retrieval systems », *Information Storage and Retrieval*, vol. 3, n°1, 1966, p. 19–25.

Golland P., Grimson W.E.L., Shenton M.E., Kikinis R., « Detection and analysis of statistical differences in anatomical shape », *Medical Image Analysis*, vol. 9, n° 1, 2005, p. 69–86.

Guezguez W., Ben Amor N., Mellouli K., « Qualitative possibilistic influence diagrams based on qualitative possibilistic utilities », *European Journal of Operational Research*, vol. 195, n° 1, 2009, p. 223–238.

Hanson S.J., « Conceptual Clustering and Categorization: Briding the gap between induction and causal models », *Machine learning: an Artifical Intelligence Approach*, Morgan Kaufmann Publishers Inc., vol. 3, 1990, p. 235–26.

Harris N., Spiegelhalter D.J., Bull K., Franklin R.C.G., « Criticizing Conditional Probabilities in Belief Networks », *Proceedings of Annu Symp Comput Appl Med Care*, 1990 p. 805–809.

Hastie T., Tibshirani R., Friedman J., *The Elements of Statistical Learning: Data Mining, Inference, and Prediction*, Second Edition Springer, 2009

Heckerman D., Geiger D., Chickering D.M., « Learning Bayesian Networks: The Combination of Knowledge and Statistical Data », *Machine Learning*, vol. 20, 1995, p. 197–243.

Henning Müller C.L., The medGIFT project on medical image retrieval, rapport de recherche, Medical Imaging and telemedicine, 2005, HES-SO Valais-Wallis.

Henrion M., « Some Practical Issues in Constructing Belief Networks », *Uncertainty in Artificial Intelligence*, vol. 3, 1989, p. 161–173.

Henrion M., Breese J.S., Horvitz E.J., « Decision Analysis and Expert Systems », AI Magazine, vol. 12, n° 4, 1991, p. 64–91.

Hernandez N., Chrisment C., Mothe J., Ontologies de domaine pour la modélisation du contexte en Recherche d'Information, Thèse de doctorat, Institut de Recherche en Informatique de Toulouse, 2005.

Higashi M., Klir G., « ON THE NOTION OF DISTANCE REPRESENTING INFORMATION CLOSENESS: Possibility and Probability Distributions », *International Journal of General Systems*, vol. 9, n° 2, 1983, p. 103–115.

Hsu W., Long L.R., Antani S., « SPIRS: a framework for content-based image retrieval from large biomedical databases », *Studies in Health Technology and Informatics*, vol. 129, 2007, p. 188–192.

Huang Z., Leng J., « Analysis of Hu's moment invariants on image scaling and rotation », *Proceedings of 2010 2nd International Conference on Computer Engineering and Technology (ICCET)*, Chengdu, 2010, p. 476–480.

Indrawan M., Ghazfan D., Srinivasan B., « Using Bayesian Networks as Retrieval Engines », *Proceedings of the 5th Australasian Conference on Information Systems*, 1994, p. 259–271.

Jeffrey R.C., *The Logic of Decision*, University of Chicago Press, London, 1990.

Jenhani I., Ben Amor N., Elouedi Z., Benferhat S., Mellouli K., « Information Affinity: A New Similarity Measure for Possibilistic Uncertain Information », *Proceedings of the 9th European Conference on Symbolic and Quantitative Approaches to Reasoning with Uncertainty, ECSQARU '07*, 2007, p. 840–852.

Jenhani I., Benferhat S., Elouedi Z., « Possibilistic Similarity Measures », *Foundations of Reasoning under Uncertainty, Studies in Fuzziness and Soft Computing*, vol. 249, 2010, p. 99–123.

Jensen F., Junction trees and decomposable hypergraphs, rapport de recherche, 1988, Aalborg, Denmark.

Jensen F., Lauritzen S., Olesen K., « Bayesian updating in causal probabilistic networks by local computations », *Computational Statistics Quaterly*, vol. 4, 1990, p. 269–282.

Jordan M.I., Ghahramani Z., Jaakkola T.S., Saul L.K., « An Introduction to Variational Methods for Graphical Models », *Machine Learning*, vol. 37, n° 2, 1999, p. 183–233.

Jouili S., Tabbone S., « Graph Matching Based on Node Signatures », *Proceedings of the 7th International Workshop on Graph-Based Representations in Pattern Recognition*, GbRPR '09, 2009, p. 154–163.

Juarez J.M., Guil F., Palma J., Marin R., « Temporal similarity by measuring possibilistic uncertainty in CBR », *Fuzzy Sets Systems*, vol. 160, n° 2, 2009, p. 214–230.

Kahn C.E., « Artificial intelligence in radiology: decision support systems », *Radiographics*, vol. 14, n° 4, 1994, 849–861.

Kelly L., Dungs S., Kriewel S., Hanbury A., Goeuriot L., Jones G.J.F., Langs G., Müller H., « Khresmoi Professional: Multilingual, Multimodal Professional Medical Search », *Springer Advances in Information Retrieval, Lecture Notes in Computer Science*, 2014, p. 754-758.

Kharbouche S., Plu M., « Combination of Face detection, Face Recognition and Gender Recognition using Evidence Theory », *Proceedings of IEEE International Conference on Information Reuse and Integration, IRI 2007*, Las Vegas, 2007, p. 526–531.

Kim J., Cai W., Feng D., Wu H., « A New Way for Multidimensional Medical Data Management: Volume of Interest (VOI)-Based Retrieval of Medical Images With

Visual and Functional Features », *IEEE Transactions on Information Technology in Biomedicine*, vol. 10, n° 3, 2006, p. 598–607.

Kira K., Rendell L.A., « The Feature Selection Problem: Traditional Methods and a New Algorithm », *Proceedings of the Tenth National Conference on Artificial Intelligence, AAAI'92*, San Jose, California, 1992, p. 129–134.

Kitanovski I., Trojacanec K., Dimitrovski I., Loskovska S., « Multimodal Medical Image Retrieval », *Springer Advances in Intelligent Systems and Computing*, 2013, p. 81–89.

Kohavi R., « A study of cross-validation and bootstrap for accuracy estimation and model selection », *Proceedings of the 14th International Joint Conference on Artificial Intelligence IJCAI'95*, San Francisco, USA, 1995, p. 1137–1143.

Kolodner J.L., *Case-Based Learning*, Springer Editions, 1993.

Koo Y.-E.L., Reddy G.R., Bhojani M., Schneider R., Philbert M.A., Rehemtulla A., Ross B.D., « Brain cancer diagnosis and therapy with nanoplatforms », *Advanced Drug Delivery Reviews*, vol. 58, n° 14, 2006, p. 1556–1577.

Koton P., « Reasoning about Evidence in Causal Explanations », *Proceedings of the 7th National Conference on Artificial Intelligence*, St. Paul, 1988, p. 256–263.

Kroupa T., « Measure of divergence of possibility measures », *Proceedings of the 6th Workshop on Uncertainty Processing*, Prague, 2003, p. 173–181.

Lange T., Roth V., Braun M.L., Buhmann J.M., « Stability-Based Validation of Clustering Solutions », *Neural Computation*, vol. 16, n° 6, 2004, p. 1299–1323.

Leeuw J., Pruzansky S., « A new computational method to fit the weighted euclidean distance model », *Psychometrika Journal*, vol. 43, 1978, p. 479–490.

Lehmann T., Guld M., Thies C., Fischer B., Spitzer K., Keysers D., Ney H., Kohnen M., Schubert H., Wein B., « The IRMA Project -- A State of the Art Report on Content-Based Image Retrieval in Medical Applications », *Proceedings of the Korea-Germany Joint Workshop on Advanced Medical Image Processing, 2003*, p. 161–171.

Lenz M., Bartsch-Spörl B., Burkhard H.-D., Wess S., *Case-Based Reasoning Technology, From Foundations to Applications*, Springer-Verlag Editions, London, UK, 1998.

Leonard E. Baum T.P., « Statistical Inference for Probabilistic Functions of Finite State Markov Chains»,*Annals of Mathematical Statistics, vol. 37,* 1996, p. 1554-1563

Leydesdorff L., « Similarity Measures, Author Cocitation Analysis, and Information Theory », *Journal of the American Society for Information Science and Technology*, 2009, p. 769–772.

Li M., Chen X., Li X., Ma B., Vitanyi P.M.B., « The similarity metric », *IEEE Transactions on Information Theory*, vol. 50, n° 12, 2004, p. 3250–3264.

Lichtenstein S., Fischhoff B., Phillips L.D., « Calibration of probabilities: the state of the art to 1980 », *Judgment Under Uncertainty: Heuristics and Biases*, Cambridge University Press, 1982, p. 306–334.

Liu B., Hsu W., Ma Y., « Integrating Classification and Association Rule Mining », *Proceedings of the 4th international conference on Knowledge Discovery and Data mining KDD'98*, 1998, p. 80–86.

Lopresti D., Wilfong G., « A fast technique for comparing graph representations with applications to performance evaluation », *Document Analysis and Recognition*, vol. 6, n°4, 2003, p. 219–229.

Louis D.N., Ohgaki H., Wiestler O.D., Cavenee W.K., Burger P.C., Jouvet A., Scheithauer B.W., Kleihues P., « The 2007 WHO Classification of Tumours of the Central Nervous System », *Acta Neuropathol*, vol. 114, n° 2, 2007, p. 97–109.

Luo J., Savakis A.E., Singhal A., « A Bayesian network-based framework for semantic image understanding », *Pattern Recognition*, vol. 38, n° 6, 2005, p. 919–934.

MacKay D.B., « Probabilistic Multidimensional Scaling Using a City-Block Metric », *Journal of Mathematical Psychology*, vol. 45, n° 2, 2001, p. 249–264.

Markonis D., Donner R., Holzer M., Schlegl T., Dungs S., Kriewel S., Langs G., Müller H., « A Visual Information Retrieval System for Radiology Reports and the Medical Literature », *Springer MultiMedia Modeling, Lecture Notes in Computer Science*, 2014, p. 390–393.

Maes F., Collignon A., Vandermeulen D., Marchal G., Suetens P., « Multimodality image registration by maximization of mutual information », *IEEE Transactions on Medical Imaging*, vol. 16, n° 2, 1997, p. 187–198.

McLachlan G., Krishnan T., *The EM Algorithm and Extensions*, 2nd editions Wiley-Interscience, 2008.

MD Osborn A.G.O., *Diagnostic Neuroradiology*, A Text/Atlas, first edition Mosby, 1994.

Meganck S., Manderick B., « Learning causal bayesian networks from observations and experiments: A decision theoretic approach », *Modeling Decisions in Artificial Intelligence*, vol. 3885, 2006, p. 58–69.

Merkhofer M.W., « Quantifying judgmental uncertainty: Methodology, experiences, and insights », *IEEE Trans. Systems Man and Cybernetics*, vol. 17, n° 5, 1978, p.741–752.

Mitchell R., Kumar V., Fausto N., Abbas A.K., Aster J., *Pathologic Basis of Disease*, Pocket Companion to Robbins & Cotran, 8th Edition, 2011.

Mouchaweh M.S., Billaudel P., « Influence of the choice of histogram parameters at Fuzzy Pattern Matching performance », *WSEAS Transactions on Systems*, 2002, p. 260–266.

Mueen A., Zainuddin R., Sapiyan Baba M., « MIARS: A Medical Image Retrieval System », *Journal of Medical Systems*, vol. 34, n° 5, 2010, p. 859–864.

Müller H., Michoux N., Bandon D., Geissbuhler A., « A review of content-based image retrieval systems in medical applications-clinical benefits and future directions », *International Journal Medical Informatics*, vol. 73, n° 1, 2004, p. 1–23.

Murphy K.P., An Introduction to Graphical Models, rapport de recherche, 2001.

Murphy K.P., Weiss Y., Jordan M.I., « Loopy Belief Propagation for Approximate Inference: An Empirical Study », *Proceedings of Uncertainty in AI*, USA, 1999, p. 467–475.

Ng A.Y., Jordan M.I., « Approximate inference algorithms for two-layer Bayesian networks », *NIPS Journal*, 1999, p. 200–207.

Ni Z., Phillips L.D., Hanna G.B., « Exploring Bayesian Belief Networks Using Netica », *Evidence Synthesis in Healthcare*, 2011, p. 293–318.

Nielsen T.D., Jensen F.V., *Bayesian Networks and Decision Graphs*, 2nd edition Springer, 2007.

Osborn A.G., Salzman K.L., Barkovich A.J., *Diagnostic Imaging: Brain*, Published by Amirsys, Second. edition, Lippincott Williams & Wilkins, 2009.

Owens D.K., Sox Jr., H.C., *Medical Informatics: Computer Applications in Health Care*, Addison-Wesley Longman Publishing Co., Inc., USA, 1990.

Pearl J., *Probabilistic Reasoning in Intelligent Systems: Networks of Plausible Inference*, 1st edition Morgan Kaufmann, 1988.

Pearl J., *Causality: models, reasoning, and inference*, Cambridge University Press, Cambridge, U.K.; New York, 2000.

Petrakis E.G.M., Faloutsos C., Lin K.-I., « ImageMap: an image indexing method based on spatial similarity », *IEEE Transactions on Knowledge and Data Engineering*, vol. 14, n° 5, 2002, p. 979–987.

Philipp-Foliguet S., Logerot G., Constant P., Gosselin P.-H., Lahanier C., « Multimedia indexing and fast retrieval based on a vote system », *Proceedings of the 2006 IEEE International Conference on Multimedia and Expo*, 2006, p. 1781–1784.

Plaza E., « Cases as terms: A feature term approach to the structured representation of cases », *Case-Based Reasoning Research and Development, Lecture Notes in Computer Science*, vol. 1010, 1995, p. 265–276.

Pokrajac D., Megalooikonomou V., Lazarevic A., Kontos D., Obradovic Z., « Applying spatial distribution analysis techniques to classification of 3D medical images », *Artificial Intelligence in Medicine*, vol. 33, n° 3, 2005, p. 261–280.

Pourret O., Naïm P., Marcot B., *Bayesian Networks: A Practical Guide to Applications*, 1st edition Wiley, 2008.

Provost F., Kohavi R., « Guest Editors' Introduction: On Applied Research in Machine Learning », *Machine Learning*, vol. 30, n° 2, 1998, p. 127–132.

Qian X., Tagare H.D., « Optimal embedding for shape indexing in medical image databases », *Medical Image Computing and Computer-Assisted Intervention*, vol. 3750, 2005, p. 377–384.

Quellec G., Indexation et fusion multimodale pour la recherche d'information par le contenu. Application aux bases de données d'images médicales, Thèse de Doctorat, TELECOM Bretagne, 2008.

Quellec G., Laniard M., Bekri L., Cazuguel G., Roux C., Cochener B., « Multimodal medical case retrieval using Bayesian networks and the Dezert-Smarandache theory », *Proceedings of the 5th IEEE International Symposium on Biomedical Imaging: From Nano to Macro, ISBI 2008*, 2008, p. 245–248.

Quellec G., Lamard M., Cazuguel G., Roux C., Cochener B., « Case Retrieval in Medical Databases by Fusing Heterogeneous Information», *IEEE Transactions of Medical Imaging*, vol. 30, 2011, 108–118.

Quine W.V., *Ontological Relativity & Other Essays*, Columbia University Press, 1969.

Rabiner L., 1989. « A tutorial on hidden Markov models and selected applications in speech recognition », *Proceedings of the IEEE*, vol. 77, n° 2, 1989, p. 257–286.

Rahman M.M., Bhattacharya P., Desai B.C., « A Framework for Medical Image Retrieval Using Machine Learning and Statistical Similarity Matching Techniques With Relevance Feedback », *IEEE Transactions on Information Technology in Biomedicine*, vol. 11, n° 1, 2007, p. 58–69.

Raveaux R., Burie J.-C., Ogier J.-M., « A graph matching method and a graph matching distance based on subgraph assignments », *Pattern Recognition Letters*, vol. 31, n° 5, 2010, p. 394–406.

Ribeiro B.A.N., Muntz R., « A belief network model for IR », *Proceedings of the 19th Annual International ACM SIGIR Conference on Research and Development in Information Retrieval, SIGIR '96*. ACM, New York, USA, 1996, p. 253–260.

Robertson S.E., Sparck Jones K., « Document retrieval systems », *Taylor Graham Publishing*, London, UK, 1988, p. 143–160.

Rombaut M., Fusion de données images segmentées à l'aide du formalisme de dempster shafer, rapport de recherche, GRESTI Groupe d'Etudes du Traitement du Signal et des Images, 1999.

Rujie L., Baozong Y., « Information fusion modal and multi-perception system », *Proceedings of APCC/OECC '99*, vol. 2, 1999, p. 985–989.

Salton G., McGill M.J., *Introduction to Modern Information Retrieval*, McGraw-Hill, Inc., New York, NY, USA, 1986.

Sanders K., Kettler B.P., Hendler J.A., « The Case for Graph-Structured Representations », *Case-Based Reasoning Research and Development, LNAI*, vol. 1266, 1997, p. 245–254.

Sangüesa R., Cabós J., Cortés U., « Possibilistic conditional independence: A similarity-based measure and its application to causal network learning », *International Journal of Approximate Reasoning*, vol. 18, n° 1, 1998, p. 145–167.

Shafer G., *A Mathematical Theory of Evidence*, Princeton University Press, 1976.

Shwe M.A., Middleton B., Heckerman D.E., Henrion M., Horvitz E.J., Lehmann H.P., Cooper G.F., « Probabilistic diagnosis using a reformulation of the INTERNIST-1/QMR knowledge base. I. The probabilistic model and inference algorithms », *Methods of Information in Medicine*, vol. 30, n° 4, 1991, p. 241–255.

Shyu C.-R., Brodley C.E., Kak A.C., Kosaka A., Aisen A.M., Broderick L.S., « ASSERT: A Physician-in-the-Loop Content-Based Retrieval System for HRCT Image Databases », *Computer Vision and Image Understanding*, vol. 75, 1999, p. 111–132.

Siadat M.-R., Soltanian-Zadeh H., Fotouhi F., Elisevich K., « Content-based image database system for epilepsy », *Computer Methods and Programs in Biomedicine*, vol. 79, n° 3, 2005, p. 209–226.

Simon P., Wilson G.S., *Bayesian Approaches to Content-based Image Retrieval, rapport de recherche*, Trinity College Dublin, 2005.

Smarandache F., Dezert J., *Advances and Applications of DSmT for Information Fusion (Collected works)*, second volume. Am. Res. Press, 2006.

Smarandache F., « Unification of Fusion Theories (UFT) », *International Journal of Applied Mathematics and Statistics*, vol. 2, 2004, p. 1–14.

Smarandache F., Dezert J., « Proportional Conflict Redistribution Rules for Information Fusion », *CoRR cs.AI/0408064*, 2004.

Smarandache F., Dezert J., *Advances and Applications of DSmT for Information Fusion: Collected Works,. American Research Press*, 2009.

Smets P., Kennes R., « The transferable belief model », *Artificial Intelligence*, vol. 66, n° 2, 1994, p. 191–234.

Smeulders A.W.M., Worring M., Santini S., Gupta A., Jain R., « Content-based image retrieval at the end of the early years », *IEEE Transactions on Pattern Analysis and Machine Intelligence*, vol. 22, n° 12, 2000, p. 1349–1380.

Smith E.A., Carlos R.C., Junck L.R., Tsien C.I., Elias A., Sundgren P.C., « Developing a clinical decision model: MR spectroscopy to differentiate between recurrent tumor and radiation change in patients with new contrast-enhancing lesions », *American Journal of Roentgenology*, vol. 192, n° 2, 2009, p. 45–52.

Smith J.R., « The Real Problem of Bridging the "Semantic Gap" », *Multimedia Content Analysis and Mining, Lecture Notes in Computer Science*, vol. 4577, 2007, p. 16–17.

Smyth B., Keane M.T., « Adaptation-guided retrieval: Questioning the similarity assumption in reasoning », *Artificial Intelligence*, vol. 102, n° 2, 1998, p. 249–293.

Smyth B., Society I.C., Cunningham P., Keane M.T., Cunningham P.D., « Hierarchical Case-Based Reasoning Integrating Case-Based and Decompositional Problem-Solving Techniques for Plant-Control Software Design », *IEEE Transactions on Knowledge and Data Engineering*, vol. 13, n° 5, 2001, p. 793–812.

Speirs-Bridge A., Fidler F., McBride M., Flander L., Cumming G., Burgman M., « Reducing overconfidence in the interval judgments of experts », *Risk Analysis*, vol. 30, n° 3, 2010, p. 512–523.

Spirtes P., Glymour C., Scheines R., *Causation, Prediction, and Search, Second Edition*, A Bradford Book editions, 2001.

Sun M.H.A., Solaiman B., « Possibilistic retrieval in case-based reasoning », *Proceedings of the Industrial Conference on Data Mining*, 2010, p. 144–156.

Torresani L., Kolmogorov V., Rother C., « Feature Correspondence Via Graph Matching: Models and Global Optimization », *Proceedings of the 10th European Conference on Computer Vision: Part II, ECCV '08*, 2008, p. 596–609.

Turtle H., Croft W.B., « Inference networks for document retrieval », *Proceedings of the 13th Annual International ACM SIGIR Conference on Research and Development in Information Retrieval, SIGIR '90*, New York, USA, 1990, p. 1–24.

Tversky A., « Features of similarity », *Psychological Review*, vol. 84, n° 4, 1977, p. 327–352.

Van Walderveen M.A., Barkhof F., Hommes O.R., Polman C.H., Tobi H., Frequin S.T., Valk J., « Correlating MRI and clinical disease activity in multiple sclerosis: relevance of hypointense lesions on short-TR/short-TE (T1-weighted) spin-echo images », *Neurology*, vol. 45, n° 9, p. 1684–1690.

Venn, J., « On the diagrammatic and mechanical representation of propositions and reasonings », *Philosophical Magazine Series and Journal of Science*, vol. 10, n° 58, 1880, p. 1–18.

Verma T., Pearl J., « An Algorithm for Deciding if a Set of Observed Independencies Has a Causal Explanation », *Proceedings of the Eighth Conference on Uncertainty in Artificial Intelligence*, 1992, p. 323–330.

Viola P., Wells W.M., « Alignment by maximization of mutual information », *Proceedings of the Fifth International Conference on Computer Vision*, USA, 1995, p. 16–23.

Wainwright M.J., Jordan M.I., « Graphical Models, Exponential Families, and Variational Inference », *Foundations and Trends in Machine Learning*, vol. 1, n° 1-2, 2008, p. 1–305.

Wald L., *Data Fusion: Definitions and Architectures : Fusion of Images of Different Spatial Resolutions*, Presses des MINES, 2000.

Wang H., Druzdzel M.J., « User interface tools for navigation in conditional probability tables and elicitation of probabilities in Bayesian networks », *Proceedings of the Sixteenth conference on Uncertainty in artificial intelligence, UAI'00*, San Francisco, USA, 2000, p. 617–625.

White F.E., Branch A., *Data Fusion Lexicon*, Naval Ocean Systems Center, 1986.

Xu H., Smets P., « Some strategies for explanations in evidential reasoning », *IEEE Transactions on Systems, Man and Cybernetics, Part A: Systems and Humans*, vol. 26, n° 5, 1996, p. 599–607.

Yang Y., Webb G.I., « A Comparative Study of Discretization Methods for Naive-Bayes Classifiers », *Proceedings of the 2002 Pacific Rim Knowledge Acquisition Workshop, PKAW 2002*, 2002, p. 159–173.

Yazid H., Elouni F., Kalti K., Tlili K. , Ben Amara Essoukri N., « Un système informatique d'archivage et d'indexation de cas d'IRM de tumeurs cérébrales », *Feuillets de la Radiologie*, vol. 51, 2011, p. 301–307.

Yazid H., Kalti K., Elouni F., Tlili K., Ben Amara Essoukri N., « A probabilistic network based similiarity measure for cerebral tumors MRI cases retrieval », *Proceedings of the IEEE Third International Workshop On Computational Intelligence In Medical Imaging* (CIMI), 2011, p. 1–7.

Yazid H., Kalti K., Ben Amara Essoukri N., « A new similarity measure based on Bayesian Network signature correspondence for brain tumors cases retrieval », *International Journal of Computational Intelligence Systems*, 2014, vol. 7, p. 1123–1136.

Yazid H., Kalti K., Elouni F., Tlili K., Ben Amara Essoukri N., « MRI cases containing cerebral tumors retrieval using Bayesian networks », *Proceedings of IEEE ISSPIT '10*, 2010, p. 7–12.

Zadeh L.A., « Fuzzy sets as a basis for a theory of possibility », *Fuzzy Sets and Systems*, vol. 100, 1999, p. 9–34.

Zager L.A., Verghese, G.C., « Graph similarity scoring and matching », *Applied Mathematics Letters*, vol. 21, n° 1, 2008, p. 86–94.

Zahn C.T., Roskies R.Z., « Fourier Descriptors for Plane Closed Curves », *IEEE Transactions on Computers*, vol. 21, n° 3, 1972, p. 269–281.

Zezula P., *Similarity search the metric space approach*, Springer, New York, 2006.

Zhang H., « The Optimality of Naive Bayes », *Proceedings of the Seventeenth International Florida Artificial Intelligence Research Society Conference FLAIRS 2004*, AAAI Press, 2004.

Zhang H., Petkovic D., « Content-based representation and retrieval of visual media: A state-of-the-art review », *Multimedia Tools and Applications*, vol. 3, n° 3, 1996, p. 179–202.

Zhang J., Wang L., Tong L., « Feature Reduction and Texture Classification in MRI-Texture Analysis of Multiple Sclerosis », *Proceedings of the IEEE/ICME International Conference on Complex Medical Engineering, CME 2007*, 2007, p. 752–757.

Annexes

Annexe A : Détection des tumeurs cérébrales – Application de l'imagerie par résonance magnétique

A.1. Les Tumeurs cérébrales

A.1.1. Anatomie cérébrale

L'encéphale est constitué du cerveau, du cervelet et du tronc cérébral. Le cerveau est composé de trois matières principales : la substance blanche (SB), la substance grise (SG) et le liquide céphalorachidien (LCR). La substance blanche est constituée des fibres des cellules nerveuses appelées axones qui permettent la transmission de l'information traitée au niveau de la substance grise (Atlas, 2009). La substance grise contient le corps des cellules nerveuses et elle est répartie en deux types de structures : les composants cellulaires neuronaux et les cellules gliales. Le cortex est localisé à la surface du système nerveux central et il est caractérisé par de nombreuses fissures appelées sillons (Koo *et al.*, 2006). Tous ces composants du système nerveux central sont enveloppés par les méninges et baignent dans le liquide céphalo-rachidien afin d'absorber et d'amortir les chocs et les mouvements. La figure 2.1 illustre l'anatomie cérébrale prise d'un Atlas médical en ligne (MD Osborn, 1994).

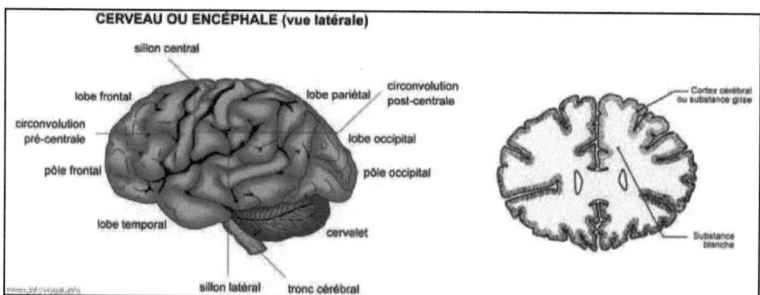

Figure A.1. A gauche, Anatomie d'un cerveau ou encéphale. A droite, Coupe histologique du cerveau **(Atlas, 2009)**

A.1.2. Classification des tumeurs cérébrales

La classification des tumeurs cérébrales est une tâche difficile étant donnée la variété histologique. L'organisation mondiale de la Santé (OMS) met en place une nomenclature internationale des tumeurs du système nerveux central. En dépit de ce polymorphisme, l'approche diagnostique est grandement facilitée par l'existence d'une distribution préférentielle en fonction de la localisation de la tumeur et de l'âge du patient (Louis et al., 2007). Habituellement, les tumeurs cérébrales sont classées selon les familles suivantes:

- Les tumeurs intra-axiales développées à partir du tissu cérébral ;
- Les tumeurs extra-axiales développées dans les espaces sous-arachnoïdiens (essentiellement à partir de l'enveloppe méningée) ou dans la paroi osseuse de la cavité crânienne (Koo et al., 2006).

Une deuxième classification d'ordre topologique est également utilisée qui est illustrée dans la figure 2.2. Elle engendre les familles des tumeurs suivantes :

- Les tumeurs sus-tentorielles situées au dessus de la tente du cervelet et qui se développent dans les hémisphères et sur la ligne médiane ;
- Les tumeurs sous-tentorielles situées au niveau de la fosse postérieure.

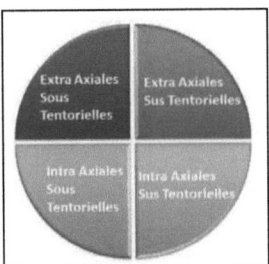

Figure A.2. *Répartition topographique des tumeurs cérébrales*

Une troisième classification peut être citée, celle des tumeurs bénignes et des tumeurs malignes. D'un côté, les tumeurs bénignes sont les moins critiques et n'ont pas de caractère d'activité importante. Le traitement de ce type de tumeurs est généralement accessible par une surveillance radiologique et une intervention chirurgicale. Les tumeurs cérébrales malignes sont les vraies tumeurs 'cancéreuses' et elles sont classées comme étant les plus dangereuses (Al-Okaili *et al.*, 2006).

A.1.3. Tumeurs cérébrales incluses dans le cadre d'étude

- **Métastase cérébrale :**

Les métastases sont uniques ou multiples. Elles réalisent des lésions prenant le contraste de manière annulaire ou nodulaire et elles sont habituellement arrondies et entourées d'un important œdème péri-lésionnel (Louis *et al.*, 2007). L'IRM n'apporte pas d'éléments supplémentaires pour le diagnostic mais elle peut être indiquée dans deux conditions :

- ✓ pour éliminer formellement la présence d'une autre localisation car on connait la supériorité de l'IRM par rapport au scanner pour mettre en évidence de petites lésions tumorales dans le cas d'une métastase unique, opérable,
- ✓ pour juger l'opérabilité d'une lésion située en zone fonctionnelle.

- **Astrocytome :**

Il s'agit d'une tumeur initialement bénigne mais dont la dégénérescence est inéluctable dans un délai variable de 5 à 10 ans. Ces lésions infiltrantes sont parfois difficiles à voir au scanner. En effet, elles apparaissent sous forme iso ou légèrement hypodenses (Louis *et al.*, 2007). Elles sont mal limitées et ne prennent pas le contraste. En IRM, l'aspect est beaucoup plus net, sous forme de lésions discrètement en hyposignal en T1 et surtout en hypersignal en T2. Seule l'IRM permet de bien définir les limites de la lésion tumorale.

- **Oligodendrogliome**

Il s'agit d'une tumeur bénigne évoluant lentement, présentant au scanner un aspect tout-à-fait caractéristique associant hypodensité et calcifications curviligne (formées par des lignes courbes) ou en motte(s) (grosse masse), après injection elles ne prennent pas le contraste (Louis *et al.*, 2007). Ces lésions sont bénignes mais peuvent dégénérer souvent beaucoup plus tardivement que les astrocytomes. Cette dégénérescence se marque par l'apposition d'une prise de contraste. L'IRM est souvent moins caractéristique que le scanner puisque les calcifications sont moins bien visibles et peuvent passer inaperçues.

- **Gliomes malins :**

Les gliomes malins sont appelés aussi glioblastomes. Ils ont un profil évolutif différent mais leurs critères radiologiques sont identiques. Il s'agit de lésions isodenses au scanner, prenant le contraste de manière hétérogène avec souvent une zone centrale nécrotique entourée d'un œdème péri-lésionnel souvent important mais parfois absent.

- **Lymphomes :**

Les lymphomes sont des lésions d'aspect très variable, souvent isodenses, prenant le contraste de manière régulière et intense ou parfois irrégulière. La présence d'une prise de contraste des parois ventriculaires témoignant d'une épendymite associée est un élément d'interprétation important (Louis *et al.*, 2007). Ces lésions sont habituellement uniques mais peuvent être multiples et alors de très mauvais pronostic.

- **Gliomes de bas grade :**

L'aspect microscopique des gliomes de bas grade comporte de nombreuses variantes qui peuvent rendre leur diagnostic difficile. Ils sont fréquemment diffus, infiltrant le tronc cérébral. L'extension de cette tumeur rend le plus souvent illusoire toute tentative d'exérèse chirurgicale. Fréquemment, celle-ci doit se traiter par une exérèse partielle ou à une simple biopsie.

- **Méningiomes :**

Il s'agit de tumeurs en général bénignes développées à partir des cellules méningothéliales de l'arachnoïde. Habituellement, il s'agit d'une tumeur unique, mais parfois on observe des tumeurs multiples et même une véritable méningiomatose avec de nombreuses tumeurs de taille variable et dans ce cas volontiers familiale (Louis et al., 2007). Leur taille dépend de la précocité du diagnostic clinique, de quelques millimètres de diamètre pour certains méningiomes développés au contact d'un nerf crânien et rapidement diagnostiqués à plusieurs centimètres de diamètre parfois jusqu'à 10 pour certains méningiomes frontaux longtemps asymptomatiques. Les méningiomes représentent 23% des tumeurs primitives intracrâniennes.

A.2. L'application de l'imagerie par résonance magnétique dans le diagnostic des tumeurs cérébrales

A.2.1. Imagerie IRM : Définition et classification

L'évolution incrémentale des images médicales produites par les services médicaux accentue l'intérêt fondamental de ces outils de diagnostic est de plus en plus approuvé dans les protocoles d'interprétation et des soins suivis par les cliniciens. L'imagerie médicale est un axe en constante évolution pendant ces dernières années. Elle fournit aux cliniciens un format de données simple d'une grande quantité d'information hétérogène, regroupés selon des différents modes d'acquisition (Osborn *et al.*, 2009). Ces informations sont indispensables à la description correcte des pathologies lors d'un examen médical. Ainsi, l'intérêt fondamental de ces outils de diagnostic est de plus en plus approuvé dans les protocoles d'interprétation et des soins suivis par les cliniciens. Le processus d'acquisition des images médicales se réfère aux différents phénomènes physiques. En parallèle, les approches de traitement, d'analyse et d'extraction de l'information de l'image sont multipliées récemment pour faire assister l'expert à l'analyse qualitative et quantitative de ces sources de données. A cet égard, une grande diversité de types d'images est à la disposition des médecins. A titre d'exemple, nous citons les images radiologiques basées sur les rayons X, les images radiologiques basées sur la résonance magnétique nucléaire (IRM), les images échographiques, les images fonctionnelles, etc. La figure 2.3 cite quelques types d'images médicales.

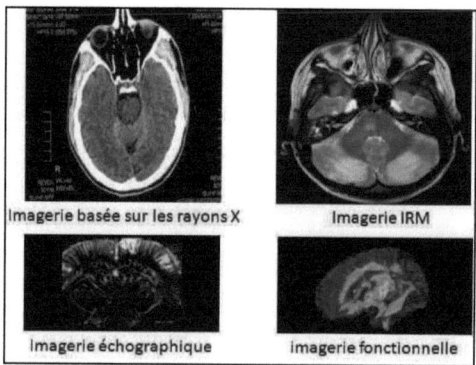

Figure A.3. Illustration de diverses images médicales

Aujourd'hui, l'IRM est devenue une technique majeure de l'imagerie médicale moderne. Le principe de l'IRM repose sur la propriété de certains atomes à entrer en résonance dans certaines conditions. Il se base essentiellement sur un phénomène physique intéressant qui est la résonance magnétique nucléaire. Ce phénomène a été initié par Bloch et Purcell (Bloch *et al.*, 1946) en 1946. Une invention qui leur permettait d'obtenir le prix Nobel en 1952. Depuis 1973, divers développements ont été introduits sur l'IRM. C'est dans ce contexte que figure une date qui a bien marqué l'histoire des recherches sur l'IRM et qui est celle de 1979 illustrant les premières images prises sur l'homme (D A Savitz, 1989).

De point de vue physique, l'IRM est décrite comme une technique radiologique qui utilise le magnétisme, les ondes radio – fréquences (RF) et les gradients de champs magnétiques. Elle fournit alors des images contrastées tridimensionnelles des structures du corps humain. Cette observation est basée sur la technologie de résonance magnétique nucléaire (RMN) de protons de l'eau (Bloch *et al.*, 1946).

A.2.2. Caractéristiques d'un examen IRM cérébral

Un examen IRM cérébral permet de visualiser les structures osseuses du crâne, le cerveau et son système vasculaire. Par conséquent, une acquisition IRM produit ces structures en volume 3D (3 dimensions) dont chaque élément est nommé voxel (Mitchell *et al.*, 2011). Les images produites permettent de couvrir tous les plans de l'espace en le découpant en coupes (coupe axiale, coupe sagittale, coupe coronale). Un examen IRM comporte deux séquences pondérées ; à savoir les séquences T1 et les séquences T2.

- **Séquences T1:**

Elles sont utiles en pathologie dans la recherche des processus hémorragique et des lésions de sclérose tubéreuse de Bournonville. Les liquides sont noirs et dits en hypo signal ou hypo intenses (Koo *et al.*, 2006).

- **Séquences T2 :**

Elles contribuent à une très bonne étude morphologique. Elles permettent aussi d'étudier les phénomènes de migration neuronale et le cortex. Les coupes IRM sont comparées à des coupes anatomiques. Les liquides sont blancs et dits en hyper signal ou hyper intenses.

Comme nous l'avons évoqué précédemment, l'IRM offre des images sur n'importe quel plan de l'espace. Visiblement, les images produites par une machine IRM sont « natives » dans le sens qu'elles ne sont pas produites à partir de la coupe axiale par des manipulations mathématiques mais plutôt à partir d'une orientation dans l'espace (Al-Okaili *et al.*, 2006). C'est pourquoi les séquences produites permettent une localisation précise des lésions. En d'autres termes, l'intensité du signal classique d'IRM est souvent insuffisante à l'observation d'une différence convenable existant entre les parties saines et celles affectées de l'organisme (Al-Okaili *et al.*, 2006). Une façon très simple pour l'influence du signal en IRM consiste à augmenter le contraste, soit en augmentant le temps de l'examen pour permettre de prendre plus d'acquisitions, soit en utilisant un agent de contraste spécifique ou non spécifique. Sur la figure 2.4, la photographie N°3 est une coupe axiale Flair. De son côté, la photographie N°4 consiste en une coupe axiale menée par une injection de gadolinium. Ce liquide peut être injecté dans le cerveau pour arriver à voir clairement la présence d'une tumeur qui se manifeste généralement à travers une lésion hypo intense ou hypo dense après l'injection d'un agent de contraste. De nos jours, deux types d'agents de contraste sont commercialisés :

- Les produits iodés,
- Les produits à base de gadolinium (Van Walderveen *et al.*, 1995).

Annexe B : Liste des Publications

- **Articles de revues publiés**
1. H. Yazid, K. Kalti, N. Essoukri Ben Amara, "**A similarity measure based on Bayesian Network signature correspondence for brain tumors cases retrieval**", International Journal of Computational Intelligence Systems.
2. H. Yazid, F. Elouni, K. Kalti, K. Tlili, N. Essoukri Ben Amara, "**Un système informatique d'archivage et d'indexation de cas d'IRM cérébrales**", Elsevier Masson Les feuillets de la radiologie, Vol 51 (6) Page :301-307, 2012.

- **Articles de revues acceptés**
1. H. Yazid, K. Kalti, N. Essoukri Ben Amara, "**A similarity measure for brain tumor cases retrieval based on information propagation comparison**", International Journal of Uncertainty, Fuzziness and Knowledge-Based Systems.

- **Conférences internationales avec comité de lecture**
1. H. Yazid, K. Kalti, and N. Essoukri Ben Amara: **A similarity measure for brain tumors cases retrieval based on Bayesian Networks Correspondence**. The First international conference on Reasoning and Optimization in Information Systems, **ROIS 2013**, Septembre 2013, Sousse.
2. H. Yazid, K. Kalti, N. Essoukri Ben Amara, **A Performance Comparison of the Bayesian Graphical Model and the Possibilistic Graphical Model Applied in a Brain MRI Cases Retrieval Contribution**. SSD 2013, Mars 2013, Hammamet.
3. H. Yazid, K. Kalti, F. Elouni and N. Essoukri Ben Amara: **A Probabilistic Network Based Similarity measure for Cerebral Tumors MRI Cases Retrieval**. IEEE Symposium Series on Computational Intelligence, **SSCI 2011**, Avril 2011, Paris, France.
4. H. Yazid, K. Kalti, F. Elouni, K. Tlili and N. Essoukri Ben Amara: **MRI cases containing cerebral tumors retrieval using Bayesian networks**. The 10th IEEE International Symposium on Signal Processing and Information Technology, **ISSPIT 2010**, Décembre 2010, Luxor, Egypt.

Oui, je veux morebooks!

I want morebooks!

Buy your books fast and straightforward online - at one of the world's fastest growing online book stores! Environmentally sound due to Print-on-Demand technologies.

Buy your books online at

www.get-morebooks.com

Achetez vos livres en ligne, vite et bien, sur l'une des librairies en ligne les plus performantes au monde!
En protégeant nos ressources et notre environnement grâce à l'impression à la demande.

La librairie en ligne pour acheter plus vite
www.morebooks.fr

OmniScriptum Marketing DEU GmbH
Heinrich-Böcking-Str. 6-8
D - 66121 Saarbrücken
Telefax: +49 681 93 81 567-9

info@omniscriptum.com
www.omniscriptum.com

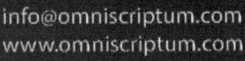
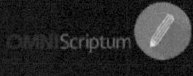

Printed by Books on Demand GmbH, Norderstedt / Germany